초등 영어표현 익힘책

2
5~6학년용

지은이 **김주원**

한국교원대학교에서 초등영어교육을 전공하고, 2015 및 2022 개정 초등 영어 교과서 집필에 참여했다.
20년간의 교직 생활을 사랑과 열정, 책임감으로 채워가며 아이들의 성장에 함께해 왔다. 최근에는 버츄
프로젝트, 존재코칭, 심리학 등 다양한 분야로 공부의 폭을 넓히며, 삶의 중심에 '나' 자신이 있어야 진정
한 행복을 느낄 수 있다는 통찰을 얻고 있다.
교육은 학생 한 사람 한 사람이 '나답게' 성장하도록 조력하는 일이어야 한다는 신념 아래, 영어 수업 또한
학생이 중심이 되는 의미 있고 즐거운 배움의 과정이 되도록 노력하고 있다. 오늘도 아이들의 내면이 빛
나는 수업을 위해 끊임없이 고민하고 있다.

초등 영어표현 익힘책 2

초판 1쇄 인쇄 2026년 1월 9일
초판 1쇄 발행 2026년 1월 20일

지은이 | 김주원

발행인 | 박효상
편집장 | 김현
기획 · 편집 | 장경희

교정 · 교열 진행 | 홍윤영
표지 · 내지 디자인 | 김민정

마케팅 | 이태호, 이전희
관리 | 김태옥

종이 | 월드페이퍼   인쇄 · 제본 | 예림인쇄 · 바인딩   녹음 | YR미디어

발행처 | 사람in   출판등록 | 제10-1835호

주소 | 04034 서울시 마포구 양화로 11길 14-10(서교동) 3F
전화 | 02) 338-3555(代)   팩스 | 02) 338-3545
E-mail | saramin@netsgo.com   Website | www.saramin.com
인스타그램 | www.instagram.com/saramin_books   블로그 | blog.naver.com/saramcom

ⓒ 김주원 2026
ISBN | 979-11-7101-173-5 64740   979-11-7101-171-1 (세트)

어린이제품안전특별법에 의한 제품표시		
KC	**제조자명** 사람in	**전화번호** 02-338-3555
	제조국명 대한민국	**주 소** 서울시 마포구 양화로
	사용연령 5세 이상 어린이 제품	11길 14-10 3층

교과 연계 필수 표현으로 영어 자신감 UP

초등 영어표현 익힘책

김주원 지음

2

5~6학년용

사람in

 영어를 잘하고 싶은 여러분에게...

　　선생님은 초등학교에서 영어를 가르치고 공부하면서 "영어를 잘하는 학생들의 비법이 뭘까?", "어떻게 하면 영어를 잘할 수 있을까?"를 늘 고민해 왔습니다. 선생님이 찾은 영어 잘하는 비법은 '재미'에 있었어요! 지루하게 긴 시간 앉아 있는 것보다 짧은 시간이라도 재미있게 공부하면 기억에 훨씬 많이 남는다는 건 여러분도 경험을 통해 잘 알고 있을 거예요. 그렇다면 **영어 공부의 재미**는 어떻게 찾아야 할까요?

　　두 가지 비법을 알려줄게요. 먼저, **스스로 영어 공부를 해야 하는 이유와 목적을 찾아야** 해요. 여러분은 왜 영어 공부를 하나요? 단순히 엄마가 시켜서? 다들 하니까? 학교에서 좋은 성적을 받아야 하니까? 그렇다면 영어를 배워서 어디에 쓸까요?

　　쉽게 대답하기 어렵다면 여러분이 미래에 하고 싶은 일을 떠올려 보세요. 예를 들어 내가 유명한 식당의 사장님이 되었다고 상상해 봅시다. 한국에 여행을 온 외국인 관광객이 내 식당을 찾아왔습니다. 그분들에게 안부도 묻고, 주문도 받고, 음식이 입맛에 맞는지 등을 물으며 소통하는 모습이 떠오릅니다. 그렇게 맛있게 먹고 돌아간 고객이 내 식당의 SNS에 후기를 영어로 달았을 때, 그에 대한 대답을 영어로 하는 나의 모습도 그려져요. 그렇게 나의 고객은 한국인에서 전 세계인으로 확대될 수 있겠지요. 식당 사장님, 코딩 전문가, 건축 기술자, 로봇 과학자, 선생님, 의사 등 여러분이 어떤 직업을 갖더라도 여러분과 소통할 사람은 한국 사람만이 아니에요. 그러니 이렇게 생각해 보는 게 어때요? '미래의 나의 모습을 떠올려 보니 전 세계인들과 자연스럽게 소통하는 모습이 그려져. 그 모습을 실현하기 위해 매일 조금씩 영어 공부를 해볼래!'라고요. 영어 공부를 하고 싶은 마음이 조금은 더 커졌을까요?

　　재미를 찾는 두 번째 비법은 **영어와 내가 만나는 것**이에요. 책에서 공부한 내용을 나의 생활 속으로 가지고 들어와 적용해 보아야 한다는 뜻이지요. 예를 들어 I like chicken.을 배웠다면, '내가 좋아하는 건 뭐지?'를 떠올려 보는 거예요. '아, 나는 비빔밥을 좋아하지!' 하면 I like bibimbap.이라고 말해 보는 것이죠. 노란색을 좋아한다면 I like yellow.라고 말할 수 있겠죠. 이렇게 '나'와 관련된 영어 표현을 떠올려 그 표현을 직접 말하거나 써 보면서 '나의 것'으로 만들어 나가는 연습을 하다 보면 어느 순간 영어가 더욱 재미있게 느껴질 거예요.

영어와 내가 만나는 것을 연습해 볼 수 있게 이 책은 다음과 같은 내용들로 구성되어 있어요.

① 2022 개정 영어과 교육과정에서 제시하는 5~6학년의 주요 의사소통 기능문의 핵심 표현을 모두 담았어요.
② 개정된 영어과 교육과정에서 강조하는 내용을 반영하여 '이해'와 '표현' 영역으로 나누어 제시했어요. 두 페이지에서는 핵심 표현을 이해하며 익히고, 나머지 두 페이지에서는 그 표현을 말하면서 써 보도록 구성했어요.
③ 핵심 표현의 쓰기 및 말하기 활동을 통합적으로 제시하여 학습의 효율을 높였어요.
④ 핵심 표현과 관련하여 초등학교 고학년에서 알면 도움이 될 문법 설명, 영어 생활권에서 활용 빈도가 높은 표현과 실제 활용할 때의 유의점 등을 담아 공부용 영어만이 아닌 실제 의사소통을 위한 영어를 익히는 데에 도움이 되도록 했어요.
⑤ Chapter 별로 3일치 학습을 마친 후에는 Reading Time을 통해 3일 동안 배웠던 표현으로 이루어진 글을 읽으며 맥락 속에서 표현을 다시 한 번 익혀 문해력 향상에도 도움이 되도록 했어요.
⑥ 이어서 Writing Time을 통해 앞에서 공부한 내용 및 Reading Time을 참고하여 여러분만의 이야기를 써 보도록 구성했어요.

이 책을 매일 15분씩 공부해 나가다 보면 5~6학년 영어 수업에서 익히는 핵심 표현을 모두 익히는 것은 물론이고, 그 표현을 내 것으로 가지고 와서 생생하게 나의 이야기를 쓰고 말할 수 있게 될 거예요. 교실 안에서 공부로 만나는 영어를 실제 나의 이야기를 쓰는 데 활용할 수 있다면 얼마나 기쁠까요. 책상 앞에 앉아서 단어와 문장을 익히는 것이 단순한 '공부'가 아닌, '언어와 문화가 다른 세계인과 영어로 의사소통하기 위한 준비 과정'이라는 것을 기억하면 좋겠어요. 여러분의 영어 자신감이 이 책을 통해 쑥 자라기를 바랍니다.

김주원

이 책의 구성 및 활용

공부할 표현에 나오는 단어를 먼저 원어민 음성으로 들으며 체크해 볼 수 있어요.

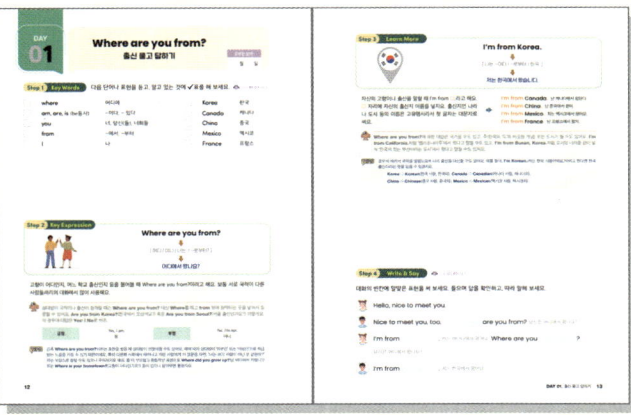

Step 2 Key Expression

- 표현을 소리 내어 읽어 보면 자연스럽게 한국어와 다른 영어 어순을 익힐 수 있어요.
- 표현에 대한 간단한 설명과 함께 같은 패턴의 문장을 공부하며 표현을 익혀요.

Step 3 Learn More

- 어떤 뜻을 담고 있는지 생각하며 표현을 소리 내어 읽어 보아요.
- 표현에 대한 간단한 설명과 함께 같은 패턴의 문장을 공부하며 표현을 익혀요.

핵심 표현과 응용 표현을 이해하는 데에 도움이 되는 추가 설명을 담았어요. 꼼꼼하게 읽다 보면 표현에 대한 궁금증이 해소될 거예요.

Step 4 Write & Say

- 대화의 빈칸을 채워 쓴 다음, 원어민 음성을 들으며 답을 확인해요.
- 가족이나 친구들과 역할을 나누어 직접 대화해 보아요.

TIPS 표현들을 실제 사용할 때의 유의점, 문화적으로 참고할 내용, 더불어 알아두면 유용한 다른 표현 등을 담았어요.

Step 5 Complete the Sentences

배웠던 표현들을 잘 기억하고 있는지 '문장 채우기'를 통해 확인해요.

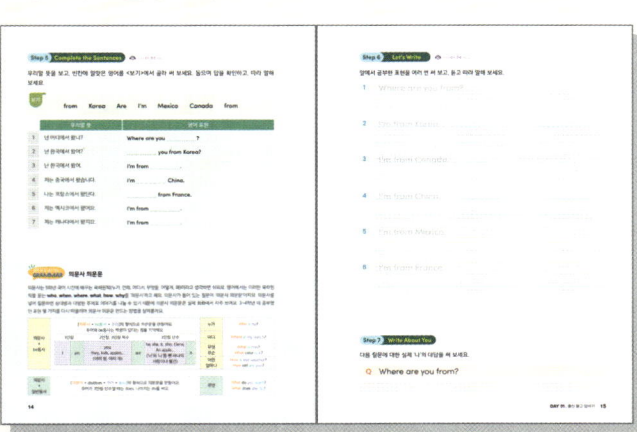

Step 6 Let's Write

Step 2, 3에서 공부한 표현을 원어민 음성을 들으며 직접 쓰고, 따라 말해요.

술쩍 읽고 넘어가는 GRAMMAR

- 그날 공부한 문형과 관련된 문법을 소개해요.
- 초등 고학년 수준에서 알아두면 좋은 문법만 엄선했어요. 이후의 중학교 영어도 걱정 없어요.

Step 7 Write About You

주제에 따라 여러분의 실제 정보나 상황 등을 떠올려 문장을 직접 완성하고 말해 보아요.

초등 5~6학년에서 배우는 핵심 영어 표현을 하루에 한 주제씩 공부하며 익히도록 만들었습니다.

Reading Time

매주 3일 동안 배웠던
표현이 들어간 짧은 글을
읽고, 글의 내용을 이해했는지
문제를 통해 확인해요.

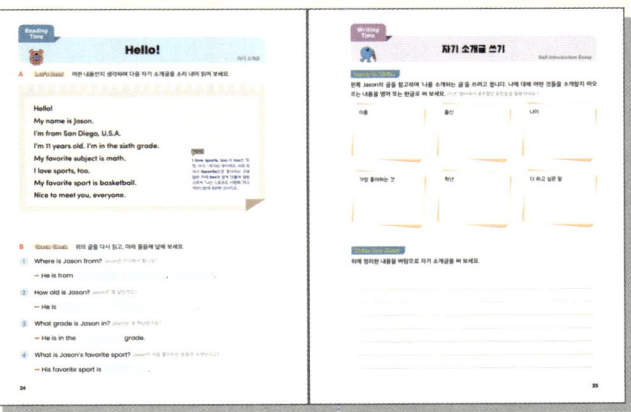

Writing Time

그 주에서 공부한 표현과
Reading Time의
글의 형식을 참고하여
나만을 글을 써 보아요.

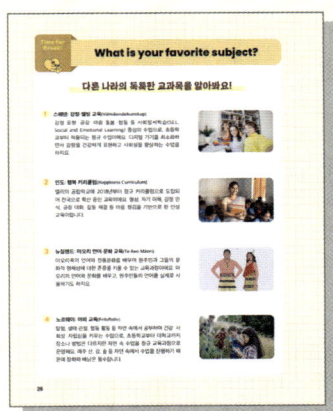

Time for Break!

한 주의 공부를 마치고 흥미로운 문화와
재미있는 표현을 보며 쉬어가요.

정답 및 해석

• 본문의 Step 4. Write & Say와 Step 5.
Complete the Sentences 문제의 답을
제공해요.
• Reading Time의 짧은 글 해석과 Check
Check 문제의 답도 확인할 수 있어요.

부록

• 초등 어휘 목록(초등 필수 영단어 800 +
검정 교과서 활용 단어)
• 불규칙 동사표
• 비교급과 최상급 정리표

음원 듣는 법

스마트폰으로 표지 안쪽과
각 Chapter 앞에 있는 QR코드를 인식하면
책 전체의 음원을 바로 들을 수 있어요.

사람in 홈페이지(www.saramin.com)에 있는
자료실에서 도서명을 검색하시면 회원 가입 없이
무료로 다운로드 받거나 '바로듣기'가 가능해요.
바로듣기에서는 재생 속도를 조정할 수 있고,
반복 듣기도 할 수 있어요.

목차

Me
나

이 챕터를 공부하면...

· 출신 묻고 답하기
· 학년 묻고 답하기
· 가장 좋아하는 것 묻고 답하기

등을 익혀 '자기 소개글'을 쓸 수 있어요!

DAY 01

Where are you from?
출신 묻고 답하기

Step 1   Key Words   다음 단어나 표현을 듣고, 알고 있는 것에 ✔표를 해 보세요. 🎧 Day 01_01.mp3

☐ where	어디에	
☐ am, are, is (be동사)	~이다, ~ 있다	
☐ you	너, 당신(들), 너희들	
☐ from	~에서, ~부터	
☐ I	나	

☐ Korea	한국
☐ Canada	캐나다
☐ China	중국
☐ Mexico	멕시코
☐ France	프랑스

Step 2   Key Expression

Where are you from?

⬇

[어디 / 이니 / 너는 / ~로부터?]

⬇

어디에서 왔나요?

고향이 어디인지, 어느 학교 출신인지 등을 물어볼 때 Where are you from?이라고 해요. 보통 서로 국적이 다른 사람들끼리의 대화에서 많이 사용해요.

상대방의 국적이나 출신이 짐작될 때는 **Where are you from?** 대신 **Where**를 떼고 **from** 뒤에 짐작되는 곳을 넣어서 질문할 수 있어요. **Are you from Korea?**(한국에서 오셨어요?) 혹은 **Are you from Seoul?**(서울 출신인가요?) 이렇게요. 이 경우에 대답은 **Yes**나 **No**로 하죠.

긍정	Yes, I am. 응.	부정	No, I'm not. 아니.

 간혹 **Where are you from?**이라는 표현을 썼을 때 상대방이 언짢아할 수도 있어요. 때에 따라 상대방이 '외부인' 또는 '이방인'으로 취급 받는 느낌을 가질 수 있기 때문이에요. 특히 다문화 사회에서 태어나고 자란 사람에게 이 질문을 하면, "너는 여기 사람이 아닌 것 같은데?" 라는 뉘앙스로 들릴 수도 있으니 주의하기로 해요. 좀 더 부드럽고 중립적인 표현으로 **Where did you grow up?**(넌 어디에서 자랐니?) 또는 **Where is your hometown?**(고향이 어디인가요?) 등이 있으니 알아두면 좋겠지요.

I'm from Korea.

[나는 ~이다 / ~로부터 / 한국.]

저는 한국에서 왔습니다.

자신의 고향이나 출신을 말할 때 I'm from □.라고 해요.
□ 자리에 자신의 출신지 이름을 넣지요. 출신지인 나라
나 도시 등의 이름은 고유명사라서 첫 글자는 대문자로
써요.

I'm from Canada. 난 캐나다에서 왔단다.
I'm from China. 난 중국에서 왔어.
I'm from Mexico. 저는 멕시코에서 왔어요.
I'm from France. 난 프랑스에서 왔지.

Where are you from?에 대한 대답은 국가일 수도 있고, 주(한국의 '도'와 비슷한 개념) 또는 도시가 될 수도 있어요. **I'm from California.**처럼 '캘리포니아주'에서 왔다고 말할 수도 있고, **I'm from Busan, Korea.**처럼 도시와 나라를 같이 넣어 '한국에 있는 부산이라는 도시'에서 왔다고 말할 수도 있지요.

TIPS 경우에 따라서 국적을 말함으로써 나의 출신을 대신할 수도 있어요. 예를 들어, **I'm Korean.**(저는 한국 사람이에요.)이라고 한다면 한국 출신이라는 뜻을 담을 수 있겠지요.

　　　　Korea ⇨ **Korean**(한국 사람, 한국의), Canada ⇨ **Canadian**(캐나다 사람, 캐나다의)
　　　　China ⇨ **Chinese**(중국 사람, 중국의), Mexico ⇨ **Mexican**(멕시코 사람, 멕시코의)

   Day 01_02.mp3

대화의 빈칸에 알맞은 표현을 써 보세요. 들으며 답을 확인하고, 따라 말해 보세요.

 Hello, nice to meet you.

 Nice to meet you, too. ＿＿＿＿＿ are you from? 당신은 어디에서 왔나요?

 I'm from ＿＿＿＿＿. 저는 캐나다에서 왔어요. Where are you ＿＿＿＿＿?

당신은 어디에서 왔나요?

 I'm from ＿＿＿＿＿. 저는 한국에서 왔어요.

우리말 뜻을 보고, 빈칸에 알맞은 영어를 <보기>에서 골라 써 보세요. 들으며 답을 확인하고, 따라 말해 보세요.

보기

from　　Korea　　Are　　I'm　　Mexico　　Canada　　from

	우리말 뜻	영어 표현
1	넌 어디에서 왔니?	Where are you _____?
2	넌 한국에서 왔어?	_____ you from Korea?
3	난 한국에서 왔어.	I'm from _____.
4	저는 중국에서 왔습니다.	I'm _____ China.
5	나는 프랑스에서 왔단다.	_____ from France.
6	저는 멕시코에서 왔어요.	I'm from _____.
7	저는 캐나다에서 왔지요.	I'm from _____.

슬쩍 읽고 넘어가는 GRAMMAR 의문사 의문문

의문사는 5학년 국어 시간에 배우는 육하원칙(누가, 언제, 어디서, 무엇을, 어떻게, 왜)이라고 생각하면 쉬워요. 영어에서는 이러한 육하원칙을 묻는 **who, when, where, what, how, why**를 '의문사'라고 해요. 의문사가 들어 있는 질문이 '의문사 의문문'이지요. 의문사를 넣어 질문하면 상대방과 다양한 주제로 이야기를 나눌 수 있기 때문에 의문사 의문문은 실제 회화에서 자주 쓰여요. 3~4학년 때 공부했던 표현 몇 가지를 다시 떠올리며 의문사 의문문 만드는 방법을 살펴볼게요.

의문사 + be동사	[의문사 + be동사 + 주어]의 형식으로 의문문을 만들어요. 주어와 be동사는 짝꿍이 있다는 점을 기억해요.				누가	Who is he?
	1인칭		2인칭, 3인칭 복수	3인칭 단수	어디	Where is my watch?
	I	am	you, they, kids, apples... (여러 명, 여러 개)	are	he, she, it, Jiho, Elena, An apple... ('너'와 '나'를 뺀 하나의 사람이나 물건)	is	무엇 무슨	What is this? What color is it?
					어떤 얼마나	How is the weather? How old are you?

의문사 + 일반동사	[의문사 + do/does + 주어 + 동사]의 형식으로 의문문을 만들어요. 주어가 3인칭 단수일 때는 does, 나머지는 do를 써요.	무엇	What do you want? What does she do?

앞에서 공부한 표현을 여러 번 써 보고, 듣고 따라 말해 보세요.

1   Where are you from?

2   I'm from Korea.

3   I'm from Canada.

4   I'm from China.

5   I'm from Mexico.

6   I'm from France.

Step 7   **Write About You**

다음 질문에 대한 실제 '나'의 대답을 써 보세요.

Q   Where are you from?

DAY 02

What grade are you in?
학년 묻고 답하기

Step 1 | Key Words

다음 단어나 표현을 듣고, 알고 있는 것에 ✔표를 해 보세요.

- [ ] what — 무슨, 무엇
- [ ] grade — 학년
- [ ] in — ~ (안)에
- [ ] the — 그 ~
- [ ] first(1st) — 첫째의, 맨 먼저

- [ ] second(2nd) — 두 번째의
- [ ] third(3rd) — 세 번째의
- [ ] fourth(4th) — 네 번째의
- [ ] fifth(5th) — 다섯 번째의
- [ ] sixth(6th) — 여섯 번째의

Step 2 | Key Expression

What grade are you in?

↓

[몇 / 학년 / 있니 / 너는 / ~ 안에?]

↓

몇 학년인가요?

학년을 물어볼 때 What grade are you in?이라고 해요. 보통 학년이 섞여 있는 동아리나 학원 수업 등에서 학기 초에 선생님이 학년을 확인하기 위해 학생에게 물어보거나, 학생끼리 친구를 사귈 때 많이 묻는 표현이지요.

What grade are you in? 대신, 상대방의 외모 등을 보고 학년이 짐작될 때는 **What grade**를 떼고, **in** 뒤에 예상되는 학년을 넣어서 질문할 수 있어요. **Are you in the sixth grade?**(너는 6학년이니?) 혹은 **Are you in the fifth grade?**(너는 5학년이니?) 이렇게요. 이 경우에 대답은 **Yes**나 **No**로 합니다.

| 긍정 | Yes, I am.
응, 그래. | 부정 | No, I'm not.
아니, 그렇지 않아. |

TIPS **What grade are you in?**은 **in**을 써서 '몇 학년 안에 속하는지' 소속을 묻는 의미를 담고 있어요. 같은 형식으로 **What club are you in?**(너 어느 동아리 들었어?)이라는 표현도 학기 초에 많이 쓰지요. 어떤 동아리에 가입했는지 묻고 답하는 표현은 다음과 같이 활용할 수 있답니다.

A: **What club are you in?** 넌 무슨 동아리 들었어?
B: **I'm in the reading club. What club are you in?** 난 독서 동아리. 너는 어느 동아리 들었니?
A: **I'm in the badminton club.** 난 배드민턴 동아리 들었지.

I'm in the fifth grade.

⬇

[나는 ~이다 / ~ 안에 / 그 / 다섯 번째의 / 학년.]

⬇

저는 5학년입니다.

자신의 학년을 말할 때 I'm in the ☐ grade.라고 해요. ☐ 자리에 자신의 학년을 뜻하는 서수(순서를 나타내는 수)를 넣지요.

I'm in the **first** grade. 저는 1학년입니다.
I'm in the **second** grade. 저는 2학년이에요.
I'm in the **third** grade. 나는 3학년이란다.
I'm in the **fourth** grade. 나는 4학년이야.
I'm in the **sixth** grade. 난 6학년이야.

TIPS 영어권에서는 학년에 순서가 있다고 인식하기 때문에 첫 번째 학년, 두 번째 학년, 세 번째 학년의 의미로 표현합니다. 즉 1, 2, 3의 기수가 아닌 **first**, **second**, **third** 등의 서수를 쓰는 것이지요. 서수는 학년뿐만 아니라 층수(1층, 2층...)를 말할 때도 사용한답니다. 학기 초에 유용하게 활용할 수 있는, 교실의 위치를 묻고 답하는 표현을 살펴볼게요.

> **A: Where is your classroom?** 너의 교실은 어디니?
> **B: It's on the <u>fourth</u> floor.** 4층에 있어.
> **A: Where is the science room?** 과학실은 어디야?
> **B: It's on the <u>third</u> floor.** 그건 3층에 있어.

이런 식으로 학교의 다양한 교실 위치를 서수가 들어간 층수를 이용해 표현할 수 있어요. 서수에 대한 자세한 내용은 다음 페이지에서 확인해 보아요.

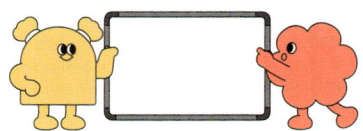

🔊 Day **02_02**.mp3

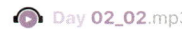

대화의 빈칸에 알맞은 표현을 써 보세요. 들으며 답을 확인하고, 따라 말해 보세요.

        are you in? 넌 몇 학년이니?

 I'm in the   **grade.** 난 6학년이야. **How about you?**

 I'm in the   **grade.** 난 5학년이야.

 Oh, call me *oppa*, **please.**

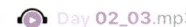
우리말 뜻을 보고, 빈칸에 알맞은 영어를 <보기>에서 골라 써 보세요. 들으며 답을 확인하고, 따라 말해 보세요.

보기

first   What grade   third   second   grade   in   I'm

	우리말 뜻	영어 표현
1	넌 몇 학년이니?	_____ _____ are you in?
2	저는 1학년입니다.	I'm in the _____ grade.
3	저는 2학년이에요.	I'm in the _____ grade.
4	난 3학년이야.	I'm in the _____ grade.
5	난 4학년이란다.	_____ in the fourth grade.
6	난 5학년인데요.	I'm _____ the fifth grade.
7	저는 6학년이에요.	I'm in the sixth _____.

슬쩍 읽고 넘어가는
GRAMMAR   서수

서수는 순서를 나타내는 숫자로 '몇 번째인지'를 말할 때 써요. 우리말에서 서수는 등수나 순위를 매길 때 주로 쓰지만 영어권에서는 **날짜**, 어떤 일이나 사건의 **순서**, 건물의 **층수** 등 다양한 경우에 사용해요.

기수		서수		기수		서수	
1	one	1st	first	6	six	6th	sixth
2	two	2nd	second	7	seven	7th	seventh
3	three	3rd	third	8	eight	8th	eighth
4	four	4th	fourth	9	nine	9th	ninth
5	five	5th	fifth	10	ten	10th	tenth

숫자의 끝자리를 기준으로 -**st**, -**nd**, -**rd**, -**th** 등을 붙이는데, 1 뒤에는 -**st**를(1st, 21st...), 2 뒤에는 -**nd**를(2nd, 22nd...), 3 뒤에는 -**rd** 를(3rd, 23rd...), 나머지에는 -**th**를 붙인다고 생각하면 간단해요. 단, 11, 12, 13은 예외로 항상 -**th**를 붙인다는 점 기억해요(11th, 12th, 13th).

앞에서 공부한 표현을 여러 번 써 보고, 듣고 따라 말해 보세요.

1　What grade are you in?

2　I'm in the first grade.

3　I'm in the second grade.

4　I'm in the third grade.

5　I'm in the fourth grade.

6　I'm in the fifth grade.

Step 7　Write About You

다음 질문에 대한 실제 '나'의 대답을 써 보세요.

Q　What grade are you in?

DAY 03

What is your favorite subject?
가장 좋아하는 것 묻고 답하기

공부한 날짜

월   일

Step 1 Key Words 다음 단어나 표현을 듣고, 알고 있는 것에 ✔표를 해 보세요. 🎧 Day 03_01.mp3

☐	your	너의	☐ song	노래
☐	favorite	가장 좋아하는	☐ English	영어
☐	subject	과목	☐ math(mathematics)	수학
☐	season	계절	☐ science	과학
☐	food	음식	☐ music	음악
☐	color	색(깔)	☐ P.E.(physical education)	체육

Step 2 Key Expression

What is your favorite subject?

⬇

[무엇 / 이니 / 너의 / 가장 좋아하는 / 과목은?]

⬇

가장 좋아하는 과목이 무엇인가요?

상대방이 가장 좋아하는 것을 물어볼 때 What is your favorite ☐?라고 해요. ☐ 자리에 묻고 싶은 주제를 넣어요.

What is your favorite season?
네가 가장 좋아하는 계절은 뭐니?

What is your favorite food?
너는 어떤 음식을 가장 좋아하니?

What is your favorite color?
당신은 어떤 색을 가장 좋아하십니까?

What is your favorite song?
네가 가장 좋아하는 노래는 뭐야?

 What is your favorite subject?는 줄여서 **What's your favorite subject?**라고 말할 수 있어요. **What**의 오른쪽 위에 작은따옴표(')와 같은 모양의 점인 아포스트로피(**apostrophe**)를 찍은 후 **s**를 적으면 **is**의 i가 생략되었음을 표시할 수 있어요.

What is ➡ What's

아포스트로피는 이미 앞에서도 쓰었어요. **I'm from Korea. I'm in the fifth grade.**에서 **I am**의 줄임말 **I'm**을 사용했지요.

My favorite subject is English.

[나의 / 가장 좋아하는 / 과목은 / 이다 / 영어.]

제가 가장 좋아하는 과목은 영어예요.

자신이 가장 좋아하는 과목을 말할 때
My favorite subject is □.라고 해요.
□ 자리에 자신이 좋아하는 교과목을
넣지요.

My favorite subject is math.
내가 제일 좋아하는 과목은 수학이야.

My favorite subject is science.
너가 가장 좋아하는 과목은 과학이야.

My favorite subject is music. 난 음악 과목이 제일 좋아.

My favorite subject is P.E. 난 체육 과목이 제일 좋더라.

 subject 대신 **season**, **food**, **color**, **song** 등을 넣어 말할 수 있어요.

My favorite season is spring.　　**My favorite food is chicken.**
My favorite color is yellow.　　**My favorite song is 'Butterfly'.**

이러한 형식으로 교과목 외에도 자신이 좋아하는 것들을 넣어 말할 수 있어요.

 What's your favorite □?라는 질문에 대해 대답할 때 **My favorite □ is ☆.**이라고 대답하는 것이 보통이지만, 때로는 간단하게
I like ☆. 또는 강조의 의미를 담아 **I love ☆.**이라고 대답할 수 있어요.

A: **What's your favorite subject?** 가장 좋아하는 과목이 뭐야?

B: **My favorite subject is P.E. / I like P.E. / I love P.E.**
내가 가장 좋아하는 과목은 체육이야. / 나는 체육을 좋아해. / 나는 체육이 진짜 좋아.

대화의 빈칸에 알맞은 표현을 써 보세요. 들으며 답을 확인하고, 따라 말해 보세요.

 It's time for math class. I like math.

 I don't like ＿＿＿＿＿＿. 나는 수학을 좋아하지 않아.

 Jinho, what is your ＿＿＿＿＿＿ subject? 진호야, 네가 가장 좋아하는 과목은 뭐야?

 My favorite ＿＿＿＿＿＿ is music. 내가 제일 좋아하는 과목은 음악이야. I like singing.

 Oh, good for you.

우리말 뜻을 보고, 빈칸에 알맞은 영어를 <보기>에서 골라 써 보세요. 들으며 답을 확인하고, 따라 말해 보세요.

보기

favorite　subject　What　science　What's　My　is

	우리말 뜻	영어 표현
1	네가 가장 좋아하는 과목은 뭐니?	_____ is your favorite subject?
2	당신은 어떤 계절을 가장 좋아합니까?	_____ your favorite season?
3	네가 가장 좋아하는 색깔은 뭐야?	What is your _____ color?
4	내가 가장 좋아하는 과목은 영어야.	My favorite subject _____ English.
5	나는 수학 과목을 제일 좋아해.	_____ favorite subject is math.
6	저는 음악 과목을 가장 좋아합니다.	My favorite _____ is music.
7	난 과학 과목이 제일 좋더라.	My favorite subject is _____.

슬쩍 읽고 넘어가는 GRAMMAR　be동사

동사란 '무엇이 어찌하다', '~이다' 등 움직임이나 상태를 나타내는 문장의 구성 성분이에요. '~하다'와 같이 움직임을 나타내는 동사는 보통 일반동사로 구분해요. 반대로 상태를 나타내며 '~이다'라는 의미를 담은 동사를 **be**동사라고 하지요. **be**동사에는 **am**, **are**, **is**가 있는데 뜻은 모두 '~이다, ~이 있다'로 동일해요. 그렇다면 같은 뜻의 동사를 왜 세 개나 만들었을까요?

영어에서는 주어(문장의 주인이 되는 말)에 따라 **be**동사를 다르게 쓰기 때문이에요.

주어		be동사	예문	예문의 부정문	
1인칭 나	I	am	I'm from Korea. I'm in the sixth grade.	I'm not from Korea. I'm not in the sixth grade.	be동사 뒤에 not을 붙이면 부정문을 만들 수 있어요. are not은 aren't로, is not은 isn't로 줄일 수 있어요.
2인칭 / 복수 너 / 여러 명(개)	You They Apples	are	Are you from Korea? You're so beautiful! They are students. Apples are red.	You are not so beautiful. They are not students. Apples aren't red.	
3인칭 단수 나와 너를 뺀 하나의 다른 사람/물건	He She It Jack Minji My favorite song	is	What is your favorite subject? My favorite subject is English. She's a teacher. He is handsome. It's raining.	My favorite subject is not English. Minji is not a teacher. Jack is not handsome. It isn't raining.	

Step 6 Let's Write

Day 03_04.mp3

앞에서 공부한 표현을 여러 번 써 보고, 듣고 따라 말해 보세요.

1 What's your favorite subject?

2 My favorite subject is English.

3 My favorite subject is math.

4 My favorite subject is science.

5 My favorite subject is music.

6 My favorite subject is P.E.

Step 7 Write About You

가장 좋아하는 것에 대한 질문을 만들어 보고, 그 질문에 대한 실제 '나'의 대답을 써 보세요.

Q What is your favorite ____________________?

My favorite

Hello!

자기 소개글

A **Let's Read** 어떤 내용인지 생각하며 다음 자기 소개글을 소리 내어 읽어 보세요.

Hello!

My name is Jason.

I'm from San Diego, U.S.A.

I'm 11 years old. I'm in the sixth grade.

My favorite subject is math.

I love sports, too.

My favorite sport is basketball.

Nice to meet you, everyone.

TIPS

I love sports, too.의 too는 '또한, 역시, ~도'라는 뜻이에요. 바로 앞에서 favorite으로 좋아하는 것을 말한 뒤에 too와 함께 덧붙여 말함으로써 "나는 스포츠도 사랑해."라고 자연스럽게 표현한 것이지요.

B **Check Check** 위의 글을 다시 읽고, 아래 물음에 답해 보세요.

1 **Where is Jason from?** Jason은 어디에서 왔나요?

➡ He is from ＿＿＿＿＿＿＿＿＿＿＿＿ , ＿＿＿＿＿＿ .

2 **How old is Jason?** Jason은 몇 살인가요?

➡ He is ＿＿＿＿＿＿＿＿＿＿＿＿ .

3 **What grade is Jason in?** Jason은 몇 학년인가요?

➡ He is in the ＿＿＿＿＿＿ grade.

4 **What is Jason's favorite sport?** Jason이 가장 좋아하는 운동은 무엇인가요?

➡ His favorite sport is ＿＿＿＿＿＿ .

자기 소개글 쓰기

Self-Introduction Essay

Ready to Write

왼쪽 Jason의 글을 참고하여 '나를 소개하는 글'을 쓰려고 합니다. 나에 대해 어떤 것들을 소개할지 떠오르는 내용을 영어 또는 한글로 써 보세요. (이번 챕터에서 공부했던 표현들을 활용하세요!)

이름	출신	나이

가장 좋아하는 것	학년	더 하고 싶은 말

Write Your Story

위에 정리한 내용을 바탕으로 자기 소개글을 써 보세요.

_____

_____

_____

_____

_____

_____

What is your favorite subject?

다른 나라의 독특한 교과목을 알아봐요!

1 스웨덴: 감정·웰빙 교육(Välmåendekunskap)

감정 표현·공감·마음 돌봄·협동 등 사회정서학습(SEL, Social and Emotional Learning) 중심의 수업으로, 초등학교부터 적용되는 정규 수업이에요. 디지털 기기를 최소화하면서 감정을 건강하게 표현하고 사회성을 향상하는 수업을 하지요.

2 인도: 행복 커리큘럼(Happiness Curriculum)

델리의 공립학교에 2018년부터 정규 커리큘럼으로 도입되어 전국으로 확산 중인 교육이에요. 명상, 자기 이해, 감정 인식, 긍정 대화, 갈등 해결 등 마음 챙김을 기반으로 한 인성 교육이랍니다.

3 뉴질랜드: 마오리 언어·문화 교육(Te Reo Māori)

마오리족의 언어와 전통문화를 배우며 원주민과 그들의 문화적 정체성에 대한 존중을 키울 수 있는 교육과정이에요. 마오리의 언어와 문화를 배우고, 원주민들의 언어를 실제로 사용하기도 하지요.

4 노르웨이: 야외 교육(Friluftsliv)

탐험, 생태 관찰, 협동 활동 등 자연 속에서 공부하며 건강·사회성·자립심을 키우는 수업으로, 초등학교부터 대학교까지 장소나 방법은 다르지만 자연 속 수업을 정규 교육과정으로 운영해요. 매주 산, 강, 숲 등 자연 속에서 수업을 진행하기 때문에 장화와 배낭은 필수랍니다.

Chapter 2

Things
물건

이 챕터를 공부하면...

- 집에 있는 물건 묻고 답하기
- 주인인지 묻고 답하기
- 허락 요청하기

등을 익혀 '역할극 대본'을 쓸 수 있어요!

DAY 04

What's in the bedroom?
집에 있는 물건 묻고 답하기

Step 1 **Key Words**   다음 단어나 표현을 듣고, 알고 있는 것에 ✔표를 해 보세요.   🔊 Day 04_01.mp3

☐ bedroom	침실	
☐ bathroom	욕실, 화장실	
☐ living room	거실	
☐ kitchen	부엌, 주방	
☐ classroom	교실	
☐ yard	마당	
☐ there is/are	~이 있다	

☐ table	식탁, 탁자
☐ bathtub	욕조
☐ sofa	소파
☐ chair	의자
☐ many	많은
☐ desk	책상
☐ flower	꽃

Step 2 **Key Expression**

What's in the bedroom?

⬇

[무엇이 있니 / ~ 안에 / 그 / 침실?]

⬇

침실에는 무엇이 있나요?

어느 공간 안에 어떤 물건이 있는지 물어 볼 때 What's in the □?라고 해요. □ 자리에 침실, 화장실, 거실 등 공간의 이름을 넣지요.

➡

What's in the bathroom? 욕실에는 무엇이 있나요?
What's in the living room? 거실에는 무엇이 있나요?
What's in the kitchen? 부엌에는 무엇이 있나요?
What's in the classroom? 교실에는 무엇이 있나요?
What's in the yard? 마당에는 무엇이 있나요?

 영어에서는 너와 내가 모두 알고 있는 특정한 장소가 아니더라도, 일반적으로 흔히 이용하는 공간을 말할 때 **the**를 붙여요.

 '부엌에는 누가 있나요?'와 같이 물건이 아닌 사람이 그 공간에 있는지 물을 때는 '무엇'을 나타내는 **What** 대신 '누구'를 뜻하는 **Who**를 넣으면 돼요. **Who's in the bedroom?** 이렇게요. 나머지 문장들도 연습해 볼까요?

Who's in the bathroom? 욕실에 누가 있나요?
Who's in the living room? 거실에 누가 있니?
Who's in the kitchen? 부엌에 누가 있나요?

Who's in the classroom? 교실에 누가 있나요?
Who's in the yard? 마당에 누가 있니?

There is a table.

[~이 있다 / 하나의 / 탁자.]

탁자가 (하나) 있어요.

무언가가 '1개 있다'라고 표현을 할 때는 There is a/an □.를 써요. □ 자리에는 보통 단수 명사(1개를 나타내는 명사)를 쓰죠. 2개 이상의 복수일 때는 There are 뒤에 복수 명사(여러 개를 나타내는 명사)가 온다는 점도 기억해요.

➡

There's a bathtub.   욕조가 있습니다.

There is a sofa.   소파가 있어.

There are chairs and a table.
의자랑 탁자가 있지요.

There are many desks and chairs.
책상이랑 의자가 많아.

There are flowers.   꽃들이 있단다.

TIPS 실제 말할 때 상황에 따라서 여러 개의 물건을 말하면서도 **There is**를 쓰는 경우가 있어요.

     A: What's in the bedroom? 침실에 뭐가 있나요?
     B: There is a bed, a small desk, and a chair. 침대와 작은 책상 그리고 의자가 있어요.

각각의 물건은 하나이지만 총 3개의 물건을 말했지요. 그런데 왜 **There are**가 아닌 **There is**를 썼을까요? 결론부터 말하면 문법적으로는 틀린 문장이에요. 하지만 실제 말할 때는 **There are**를 쓰면 딱딱하게 들릴 수 있고, 말의 리듬상 부자연스럽기 때문에 **There are**를 잘 쓰지 않아요. **are**와 **a**를 연달아 발음하기가 자연스럽지 않은 것도 이유예요. 실제 원어민들은 단수나 복수와 관계없이 줄여서 **There's**를 더 자주 쓴다는 점도 참고로 알아두면 좋아요. 단, 시험문제에 답하거나 글을 쓸 때는 문법에 맞게(**There are a bed, a small desk, and a chair.**) 써야 한다는 점도 기억해요.

대화의 빈칸에 알맞은 표현을 써 보세요. 들으며 답을 확인하고, 따라 말해 보세요.

   Anna, where are you?

   I'm in the _____. 난 부엌에 있어.

   _____ in the kitchen? 부엌에는 뭐가 있니?

   There _____ six chairs and a big table. 의자 여섯 개랑 큰 식탁이 하나 있어.

우리말 뜻을 보고, 빈칸에 알맞은 영어를 <보기>에서 골라 써 보세요. 들으며 답을 확인하고, 따라 말해 보세요.

보기

in　chairs　bathroom　What's　There's　are　desks　sofa

	우리말 뜻	영어 표현
1	욕실에는 무엇이 있니?	What's in the _____?
2	욕조가 있어.	_____ a bathtub.
3	침실에는 무엇이 있습니까?	What is _____ the bedroom?
4	침대가 두 개 있어요.	There _____ two beds.
5	거실에는 뭐가 있니?	_____ in the living room?
6	큰 소파가 하나 있어.	There is a big _____.
7	의자랑 책상이 많이 있어.	There are many _____ and _____.

슬쩍 읽고 넘어가는 GRAMMAR　관사

명사 앞에 쓰는 **a/an**, **the**를 '관사'라고 해요. 우리말에는 없는 개념이라 생소하지요. 관사 **a**는 '하나의'라는 뜻으로 단수 명사 앞에 쓴다는 것을 우리는 알고 있어요. **a, e, i, o, u**의 모음 앞에는 **an**을 쓴다는 것도 이미 공부했지요.

	불특정한 것(아무거나)이 하나일 때	Do you have a pen? (아무) 펜을 가지고 있니?
a/an을 쓰는 경우	대화나 글에서 처음 언급될 때	There is a chair. 의자가 하나 있어. ➡ 이때 이 의자는 내가 혼자 확인하고 말하는 것으로 너와 내가 모두 알고 있는 의자는 아니에요.

There is a chair.를 듣고 고개를 돌려 의자를 확인한 뒤, "그 의자 내 거야!"라고 말을 하고 싶다면 **a**가 아닌 **the**를 써서 **The chair is mine.**과 같이 말해야 해요. 즉, **the**는 앞에서 말한 명사를 다시 한 번 말할 때, 너도 알고 나도 아는 것에 대해 말할 때 붙여요. 오늘 공부한 **What's in the bedroom?**에서 **the**를 쓴 이유는 대화를 나누는 두 사람 모두 아는 공간이라고 전제했기 때문이에요.
한 가지 더 알아야 할 **the**의 규칙은 하늘, 태양, 달처럼 세상에 단 하나뿐인 것 앞에도 **the**를 붙인다는 거예요. **Look at the sky!**(하늘 봐!), **There's the moon.**(달이 있네.) 이렇게요.

	서로 알고 있는 명사 앞에	A: There is a chair. 의자가 있네요. B: The chair is mine. 그 의자는 내 것이에요.
the를 쓰는 경우	세상에 하나뿐인 것 앞에	Look at the sky. There's the moon! 하늘을 봐. 달이 있네!

앞에서 공부한 표현을 여러 번 써 보고, 듣고 따라 말해 보세요.

1   What's in the bedroom?

2   What's in the bathroom?

3   What's in the kitchen?

4   There is a table.

5   There's a bathtub.

6   There are chairs and a table.

Step 7   Write About You

다음 질문에 대한 실제 '나'의 대답을 써 보세요.

Q   What's in your bedroom?

Whose phone is this?
주인인지 묻고 답하기

Step 1 Key Words 다음 단어나 표현을 듣고, 알고 있는 것에 ✔표를 해 보세요. 🔊 Day 05_01.mp3

☐ whose	누구의	
☐ phone	전화(기)	
☐ sock	양말	
☐ shoe	신발	
☐ button	단추	
☐ picture	그림	

☐ textbook	교과서	
☐ this (these)	이것 (이것들)	
☐ that (those)	저것 (저것들)	
☐ it (they)	그것 (그것들)	
☐ mine	나의 것	
☐ yours	너의 것	

Step 2 Key Expression

Whose phone is this?

⬇

[누구의 / 전화기 / 이니 / 이것은?]

⬇

이건 누구의 전화기인가요?

물건의 주인을 물어볼 때 Whose ☐ is this?라고 해요. ☐ 자리에는 물건을 넣어 말해요. 나에게서 조금 멀리 떨어져 있는 물건의 주인을 물어볼 때는 this 대신 that을 넣어 Whose ☐ is that?이라고 하죠.

➡

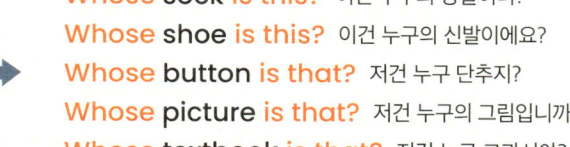

Whose sock is this? 이건 누구의 양말이니?
Whose shoe is this? 이건 누구의 신발이에요?
Whose button is that? 저건 누구 단추지?
Whose picture is that? 저건 누구의 그림입니까?
Whose textbook is that? 저건 누구 교과서야?

 양말 한 짝을 주워서 물어볼 때는 위의 표현대로 **Whose sock is this?**라고 하는데 한 켤레, 즉 두 짝을 주워서 주인을 찾을 땐 어떻게 해야 할까요? DAY 03에서 **be**동사 짝꿍을 공부할 때 '여러 개'가 문장의 주인일 때는 **are**를 쓴다는 것을 배웠어요. **this**는 '이것(한 개)'을 나타내므로 이것의 복수형 **these**(이것들)를 쓰면 자연스럽죠. 따라서 **Whose socks are these?** 이렇게 표현한답니다. 대답할 때도 복수로 대답해야 하므로, **it** 대신 **they**를 써서 말해요.

A: **Whose socks are these?** 이것들은 누구의 양말(들)이야?
B: **They are mine.** 그것들은 내 것이야.

It's Juwon's.

[그것은 ~이다 / 주원의 것.]

그건 주원이 거야.

물건의 주인을 말할 때는 주인의 이름을 넣어서 It's □'s. 라고 해요. □ 자리에 이름을 넣고 뒤에 's를 붙여 '~의', '~의 것'이라는 뜻을 나타내요. □'s 대신 '나의 것', '너의 것'을 뜻하는 mine, yours를 넣어 말할 수도 있어요.

It's Seho's. 그건 세호 거야.
It's this girl's. 그건 이 여자아이 거란다.
It's that boy's. 그건 저 남자아이 것입니다.
It's mine. 그건 내 거예요.
It's yours. 그건 네 것이야.

3~4학년 영어에서 **What's this?** 또는 **What's that?**으로 물으면 대명사 **It**으로 대답한다고 익혔어요. **Whose phone is this?**에 대한 대답도 [**It's** + ~의 것.]이지요. **It's Juwon's.**처럼요. 이 문장은 원래 "그것은 주원이의 전화기야."라고 대답하기 위해 **It's Juwon's phone.**이라고 해야 하지만, 그 경우 질문에 있는 **phone**이 중복되므로 생략하고 **Juwon's**까지만 썼어요. **'s**는 '~의 것'이라는 뜻도 포함하니까요.

TIPS 아포스트로피(', apostrophe)는 3학년 때부터 줄곧 봐왔어요. **I'm, It's, What's, You're, There's** 등 다양한 문장 속에서 볼 수 있었지요. 이렇게 두 단어를 줄여 쓸 때 빠진 부분에 '를 넣어 생략했음을 표시했어요. 오늘 공부하는 아포스트로피의 또 다른 쓰임은 '소유'를 나타내는 것이에요. **Juwon's phone, Seho's button, that boy's textbook** 등과 같이 '누구의 (것)'을 표현할 때 '누구' 뒤에 **'s**를 붙이는 것이지요. 단, **My parents' house**처럼 복수형 명사(**parents**) 뒤에는 **'s**가 아닌 **'**만 붙인다는 점도 기억해요.

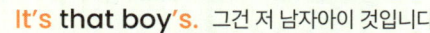 Day 05_02.mp3

대화의 빈칸에 알맞은 표현을 써 보세요. 들으며 답을 확인하고, 따라 말해 보세요.

  _____ phone is this? 이거 누구 전화기야?

  It's _____. 그거 Jenny 거야.

  Look at that! Whose picture is _____? 저건 누구 그림이야?

  Umm... It's _____. 그건 내 거야.

  Wow, it's beautiful.

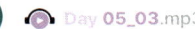
우리말 뜻을 브고, 빈칸에 알맞은 영어를 <보기>에서 골라 써 보세요. 들으며 답을 확인하고, 따라 말해 보세요.

보기

It's   yours   shoe   Whose   this girl's   mine   that

	우리말 뜻	영어 표현
1	이건 누구 양말이에요?	_____ sock is this?
2	그것은 제 것입니다.	It's _____.
3	이건 누구 신발입니까?	Whose _____ is this?
4	그건 디 여자아이의 것입니다.	It's _____ _____.
5	저건 느구 교과서니?	Whose textbook is _____?
6	그건 세호 것이에요.	_____ Seho's.
7	그건 네 것이란다.	It's _____.

슬쩍 읽고 넘어가는 GRAMMAR 소유대명사

소유대명사는 '누구의 것'인지를 알리는 말이에요. 예를 들면, **This is my pencil.**(이것은 내 연필이야.)라고 할 때, **my pencil**(나의 연필)을 짧게 '나의 것'이라고 말할 수 있지요. **This is mine.** 이렇게요. 여기에서 **mine**(나의 것)이 소유대명사랍니다. 물건의 주인에 따라 소유대명사가 달라져요. '나의 것', '너의 것', '그의 것', '그녀의 것'처럼요. 다음 표로 간단하게 살펴볼게요.

주어 (~은/~는/~디/~가)	소유격 (~의)	소유대명사 (~의 것)	예문	
I	my	mine	This is my pencil.	This pencil is mine.
you	your	yours	That is your dog.	That dog is yours.
he	his	his	This is his textbook	This textbook is his.
she	her	hers	That is her picture.	That picture is hers.
we	our	ours	These are our buttons.	These buttons are ours.
they	their	theirs	Those are their books.	Those books are theirs.

'누구의 것'이라는 소유를 말할 때 이름을 넣어서 말하고 싶다면 앞서 배운 것처럼 이름 뒤에 **'s**를 붙이면 되어요. **It's Jamy's.**, **It's Grace's.** 이렇게요.

앞에서 공부한 표현을 여러 번 써 보고, 듣고 따라 말해 보세요.

1   Whose phone is this?

2   Whose sock is this?

3   Whose button is that?

4   It's Juwon's.

5   It's this girl's.

6   It's yours.

Step 7   Write About You

교실에서 물건의 주인을 찾아 주는 상황을 상상하며 내가 할 수 있는 질문을 만들어 보고, 친구의 답을 써 보세요.

Q   Whose _____ ?

DAY 06

Can I borrow your scissors?
허락 요청하기

Step 1 Key Words 다음 단어나 표현을 듣고, 알고 있는 것에 ✔표를 해 보세요. Day 06_01.mp3

☐ can   ~할 수 있다, ~해도 된다
☐ borrow   빌리다
☐ scissors   가위
☐ pencil   연필
☐ use   사용하다
☐ go to   ~에 가다
☐ restroom   화장실
☐ bring   가져오다, 데려오다

☐ my   나의
☐ dog   개, 강아지
☐ sit   앉다
☐ here   여기(에)
☐ problem   문제
☐ ahead   앞에, 앞으로
☐ pencil case 필통

Step 2 Key Expression

Can I borrow your scissors?

⬇

[해도 될까 / 내가 / 빌리다 / 너의 / 가위를?]

⬇

내가 당신의 가위를 빌려도 될까요?

상대방에게 허락을 요청할 때 '내가 ~할 수 있나요?'라는 뜻의 Can I ~?로 시작하면 자연스럽고 친근하게 표현할 수 있어요.

➡

Can I borrow your pencil? 연필 좀 빌릴 수 있을까?
Can I use your phone? 네 전화기 좀 써도 되니?
Can I go to the restroom? 화장실에 가도 될까요?
Can I bring my dog? 제 강아지를 데리고 와도 됩니까?
Can I sit here? 여기 좀 앉아도 돼요?

 요청을 할 때 **please**를 붙이면 좀 더 부드럽고 예의 바른 표현이 된다는 내용을 3~4학년 때 공부했어요. **Sit down, please.**(앉아 주시요.)와 같이 말이죠. 허락을 구할 때도 좀 더 정중하게 말하고 싶다면 **please**를 활용할 수 있어요.

Can I please borrow your scissors? / **Can I borrow your scissors, please?**

이렇게 **Can I** 뒤게, 또는 문장 끝에 **please**를 붙이면 자연스러워요. 이 외에도 **for a minute**(1분 동안, 잠깐), **for a second**(1초 동안, 아주 잠깐)와 같이 '잠시만'의 뜻을 보태면 더욱 자연스럽게 쓸 수 있답니다. **Can I borrow your scissors for a minute?**, **Can I use your phone for a second?** 이렇게요. **please**를 넣으면 상대방을 기분 좋게 하고, **for a minute**이나 **for a second**를 넣으면 더 친근한 표현이 된다는 점을 기억하면 좋겠지요.

Of course.

↓

[당연하지.]

↓

당연하죠.

누군가 허락을 요청하는 말을 할 때 다양한 표현으로 대답할 수 있어요. 3~4학년 때 배웠던 요청·제안하는 말에 대한 대답과 크게 다르지 않아요.

Sure! 물론!
No problem. 문제 없어.
Go ahead! 어서 하세요!
Yes, here you go. 네, 여기 있어요.

TIPS 누군가의 요청에 항상 긍정적인 대답만 하는 것은 아니지요. 부드럽게 거절하는 표현도 살펴볼게요.

Sorry, I'm using it right now. 미안, 나 지금 쓰고 있어.
Sorry, not right now. 미안, 지금은 안 돼.
Maybe later? 나중에 어때?

이런 표현을 할 때 가볍게 웃는 표정을 더한다면 더욱 자연스럽고 편안한 분위기가 될 거예요. 거절할 때는 **Sorry**를 붙이면 상대방 기분도 배려하며 말할 수 있어요.

Step 4 **Write & Say** Day **06_02**.mp3

대화의 빈칸에 알맞은 표현을 써 보세요. 들으며 답을 확인하고, 따라 말해 보세요.

 Oh, I don't have a pencil case. Anna, ＿＿＿＿＿ ＿＿＿＿＿ borrow your pencil? Anna야, 네 연필 좀 빌릴 수 있을까?

 ＿＿＿＿＿, I'm using it right now. 미안, 내가 지금 쓰고 있어. I have only one.

 That's okay. Jinho, can I ＿＿＿＿＿ ＿＿＿＿＿ ＿＿＿＿＿ for a minute? 진호야, 네 연필을 잠시만 빌릴 수 있을까?

 Of ＿＿＿＿＿. 당연하지. Here you go.

 Thanks.

우리말 뜻을 보고, 빈칸에 알맞은 영어를 <보기>에서 골라 써 보세요. 들으며 답을 확인하고, 따라 말해 보세요.

보기

restroom   course   Can I   use   right now   bring   ahead

	우리말 뜻	영어 표현
1	네 가위 좀 빌릴 수 있을까?	_____ _____ borrow your scissors?
2	그래, 써.	Go _____.
3	내가 너의 전화기 좀 쓸 수 있을까?	Can I _____ your phone?
4	미안하지만, 제가 지금 쓰고 있어요.	Sorry, I'm using it _____ _____.
5	저 화장실 좀 가도 될까요?	Can I go to the _____?
6	당연하죠.	Of _____.
7	내 강아지 데리고 와도 돼?	Can I _____ my dog?

슬쩍 읽고 넘어가는
GRAMMAR **조동사 can**

조동사란 다른 동사를 도와서 뜻을 바꾸거나 힘을 더해주는 특별한 동사예요. 조동사 뒤에는 항상 동사의 원래 형태(동사원형)가 오지요. 여러 가지 조동사 중에 오늘은 **can**에 대해 알아볼게요. **can**은 주로 능력이나 허락을 표현할 때 써요.

	평서문	의문문
능력 (~할 수 있다)	I **can** swim. 나는 수영할 수 있어.	**Can** you swim? 너 수영할 수 있니?
허락 (~해도 된다)	You **can** sit here. 여기에 앉아도 돼.	**Can** I sit here? 제가 여기 앉아도 될까요?

허락을 요청하는 표현을 할 때 **Can**뿐 아니라 **May**도 많이 써요. **Can I sit here?**, **May I sit here?** 두 문장 모두 우리말로 해석하면 '제가 여기 앉아도 될까요?'로 같아요. 하지만 느낌에는 조금 차이가 있어요. **Can I ~?**는 더 일상적인 표현으로 친구나 가족, 친한 사람에게 편하게 쓸 때 좋아요. **May I ~?**는 조금 더 정중하고 공손한 느낌을 담고 있어서 선생님이나 어른, 모르는 사람에게 예의를 갖추어 말할 때 쓰면 좋고요. 요즘 사람들이 대중적으로 많이 쓰는 표현은 **Can I ~?**라는 점도 기억해 두면 좋겠지요.

앞에서 공부한 표현을 여러 번 써 보고, 듣고 따라 말해 보세요.

1   Can I borrow your scissors?

2   Can I borrow your pencil?

3   Can I use your phone?

4   Maybe later?
    No problem.

5   Of course.
    Go ahead.

6   Sure.
    Yes, here you go.

Step 7   Write About You

친구나 가족에게 허락을 요청하는 상황을 상상하며 질문을 만들어 보고, 그것에 대한 답을 써 보세요.

Q   Can I _____?

Alien Is My Friend

역할극 대본

A **Let's Read** 어떤 내용인지 생각하며 다음 역할극 대본을 소리 내어 읽어 보세요.

Alien Is My Friend

해설: Alien(외계인)이 학교에 왔다. 복도에서 만난 그가 Jimin(지민)에게 말을 걸어왔다.

Alien: Where is your classroom?
Jimin: It's on the fourth floor.
Alien: What's in the classroom?
Jimin: There are desks and chairs.
Alien: Can I go to your classroom?
Jimin: Sure. Let's go!

해설: 교실에 들어온 외계인과 지민이. 외계인은 신기한 듯 교실을 둘러보았다.

Alien: Whose chair is this?
Jimin: It's mine.
Alien: Can I sit here?
Jimin: Of course!

B **Check Check** 위의 글을 다시 읽고, 아래 물음에 답해 보세요.

1 What is the title of the story? 이야기의 제목은 무엇인가요?

➡ .

2 Where is Jimin's classroom? 지민이의 교실은 어디인가요?

➡ It's .

3 What's in Jimin's classroom? 지민이의 교실에는 뭐가 있나요?

➡ There are .

4 Whose chair does Alien want to sit on? 외계인은 누구의 의자에 앉고 싶어 하나요?

➡ .

역할극 대본 쓰기

Role-play Script

왼쪽 글을 참고하여 '역할극 대본'을 쓰려고 합니다. 재미있는 장면을 상상하며 떠오르는 내용을 빈칸에 영어 또는 한글로 적어 보세요. (이번 챕터에서 공부했던 표현들을 활용하세요!)

1. 집에 있는 물건을 묻고 답하는 상황 (What's in the ~?)	2. 주인인지 묻고 답하는 상황 (Whose ~ is this?)	3. 허락을 요청하는 상황 (Can I ~?)

Write Your Story

위에 정리한 내용을 바탕으로 역할극 대본을 써 보세요.

What's in your hand?

나라별로 아이들이 특별하게 여기는 물건들을 알아봐요!

1 가방 (일본)

초등학교 입학할 때 받는 튼튼한 가죽 가방.

6년 동안 같은 가방을 쓰며 함께 성장해요.
보통 할머니·할아버지가 선물해 주시는 소중한 물건이에요.

2 알리브리헤(Alebrije) (멕시코)

동물과 상상 속 생물들이 섞인 모양의 알록달록한 전통 나무 인형.

꿈을 지켜주는 수호 동물처럼 여겨져요.
아이들이 이름을 붙이고 소중히 생각해요.

3 손수 만든 장난감 (케냐)

자신이 만든 첫 장난감은 창의성과 자부심의 상징!

시골 지역 아이들은 플라스틱, 철사, 병뚜껑 등의 재료로 직접 장난감을 만들어요.
오랫동안 간직하거나 친구들에게 자랑하기도 해요.

4 무민(Moomin) 캐릭터 (핀란드)

국민 캐릭터 '무민'은 어린이들에게 안정감과 상상력의 상징!

인형, 책, 가방, 이불 등 아이들이 어릴 때부터 친근하게 접하며 성장하는 친구 같은 존재예요.

People
사람들

이 챕터를 공부하면...

- 어디에 있는지 묻고 답하기
- 외모 묻고 답하기
- 옷차림 묻고 답하기

등을 익혀 '묘사하는 글'을 쓸 수 있어요!

DAY 07

Where are you?
어디에 있는지 묻고 답하기

Step 1   Key Words   다음 단어나 표현을 듣고, 알고 있는 것에 ✔표를 해 보세요. 🎧 Day 07_01.mp3

☐ she	그녀		☐ at	~에
☐ he	그 (남자)		☐ library	도서관
☐ dad (father)	아빠 (아버지)		☐ bus stop	버스 정류장
☐ they	그(것)들		☐ bank	은행

Step 2   Key Expression

Where are you?

⬇

[어디 / 있니 / 너는?]

⬇

어디에 있나요?

상대방이 어디에 있는지 물어볼 때 Where are you?라고 해요. you 대신 현재 위치가 궁금한 사람을 넣어 물어볼 수도 있어요. 주어에 따라 달라지는 be동사도 주의해야 해요.

➡ **Where is** she? 그녀는 어디에 있나요?
Where is he? 그는 어디에 있어요?
Where is Amy? Amy는 어디에 있니?
Where is your dad? 너의 아빠는 어디에 계시니?
Where are they? 그들은 어디에 있니?

---

 now를 붙이면 '지금' 어디 있는지 더 정확하게 물어볼 수 있어요.

   Where are you **now**? 너 지금 어디야?

또, 이름이나 부르는 말을 붙이면 누구에게 하는 말인지도 분명해져요.

   Where are you, **Mom**? 엄마, 어디세요?
   Where are you now, **Jason**? Jason, 지금 어디야?

 TIPS   **Where am I?**는 무슨 뜻일까요? 직역하면 '나는 어디에 있지?'라는 뜻이에요. 이 표현은 보통 길을 잃었을 때 쓰는 말이에요. 우리가 위에서 공부한 표현들은 다른 사람에게 물어보는 말이지만, **Where am I?**는 자기 자신에게 하는 질문이에요. 가끔은 놀라거나 당황했을 때, 또는 장난스럽게 "여긴 어디?"라고 말할 때도 **Where am I?**를 사용한답니다.

I'm at a library.

[나는 ~있다 / ~에 / 하나의 / 도서관.]

저는 도서관에 있어요.

어디에 있는지 대답할 때는 [누구 + be동사 + in/at + □.]와 같은 패턴으로 말해요. □ 자리에 위치를 나타내는 표현을 써요.

➡

I'm at a bus stop. 난 버스 정류장에 있어.
She is at a bank. 그녀는 은행에 있습니다.
She's in the kitchen. 그녀는 부엌에 계셔.
He is in the bathroom. 그는 욕실에 있어요.
They are in the living room. 그들은 거실에 있어.

장소나 건물 앞에는 **at**을 쓰는 것이 자연스럽고, 방이나 거실 같은 공간 앞에는 **in**을 쓰는 것이 더 자연스러워요. 왜 그럴까요? 건물이나 장소는 우리가 그 안에 있을 수도 있고, 입구나 근처 바깥에 있을 수도 있기 때문에 보통 '(어디)에'를 뜻하는 **at**을 사용해요.

  I'm at a library. 나는 도서관에 있어. ➡ 안에 있든, 입구에 있든, 근처에 있든 괜찮아요.

반면에 방이나 거실처럼 작은 공간은 보통 그 안에 있는 경우가 많기 때문에 '~ 안에'를 뜻하는 **in**을 쓰는 것이 자연스럽죠.

  She is in the living room. 그녀는 거실 안에 있어요.

얼마 전에 공부했던 '관사'를 가볍게 복습해 볼게요. **I'm at a library.**에서는 왜 **a**를 쓰고, **He is in the bathroom.**에서는 왜 **the**를 쓸까요?

I'm at a library.는 어느 특정한 도서관을 말하는 것이 아니라, 그냥 도서관 중 하나를 말할 때 쓰는 표현이에요. 예를 들어, "나 드서관에 있어."라고 말할 때 듣는 사람이 어느 도서관인지 몰라도 괜찮은 상황이라면 **a library**라고 해요.

반대로 **He is in the bathroom.**에서는 그 사람이 있는 욕실이 말하는 사람과 듣는 사람이 모두 알고 있는 특정한 장소이기 때문에 **the bathroom**이라고 해요. 즉, 집 안에 있는 욕실처럼 어디인지 서로 잘 아는 공간을 말할 땐 **the**를 붙여요.

 Day 07_02.mp3

대화의 빈칸에 알맞은 표현을 써 보세요. 들으며 답을 확인하고, 따라 말해 보세요.

          are you, Dad? 아빠, 어디세요?

 I'm _____. 난 도서관에 있어.

  Where _____ your mother? 엄마는 어디에 계시니?

 She's _____. 엄마는 부엌에 계세요.

 Oh, I see.

우리말 뜻을 보고, 빈칸에 알맞은 영어를 <보기>에서 골라 써 보세요. 들으며 답을 확인하고, 따라 말해 보세요.

보기   Where   iving room   are you   bank   library   they   bathroom

우리말 뜻	영어 표현
1 넌 어디니?	Where _____ _____?
2 저는 도서관에 있어요.	I'm at a _____.
3 그녀는 어디에 계신가요?	_____ is she?
4 그녀는 은행에 있어요.	She's at a _____.
5 그애들은 어디에 있니?	Where are _____?
6 그들은 거실에 있어.	They are in the _____ _____.
7 그는 욕실에 있어요.	He is in the _____.

슬쩍 읽고 넘어가는 GRAMMAR 위치를 나타내는 전치사 1

전치사란 명사(물건 이름, **pencil**, **eraser**, **apple** 등)나 대명사(명사 대신 쓰는 말, **this**, **that**, **it**, **they** 등) 앞에서 위치, 시간, 이유, 방법 등을 알려주는 말이게요. 오늘은 위치를 나타내는 전치사를 알아볼 텐데요, 예를 들면 **on**, **in**, **under**, **at** 등이 있어요. 각각의 전치사의 뜻은 다음과 같아요.

전치사	뜻	예문
on	~ 위에	It's on the chair. 그것은 의자 위에 있어. I'm on your chair. 나는 너의 의자 위에 있어.(네 의자에 앉아 있어.)
in	~ 안에	It's in the box. 그것은 상자 안에 있습니다. I'm in the library. 저는 도서관 안에 있습니다.
under	~ 아래에	It's under the bed. 그건 침대 아래에 있어. I'm under the bed. 나는 침대 아래에 있어.
at	~ 에	I'm at the library. 나는 도서관에 있어.

여기서 **in**과 **at**을 조금 더 자세히 살펴볼게요. **I'm in the library.**는 말 그대로 내가 도서관 '안에' 있을 때 한정적으로 사용해요. **I'm at the library.**는 '도서관 안에, 도서관 입구에, 도서관 근처에' 있을 때 모두 사용할 수 있어요. 그러니 일상적인 대화에서는 **I'm at the library.**가 더 많이 사용되겠지요.

앞에서 공부한 표현을 여러 번 써 보고, 듣고 따라 말해 보세요.

1   Where are you?

2   Where are you now, Jason?

3   Where are they?

4   I'm at a bus stop.

5   She is at a bank.

6   They are in the living room.

Step 7   Write About You

다음 질문에 대한 실제 '나'의 대답을 써 보세요.

Q   Where are you now?

What does she look like?
외모 묻고 답하기

Step 1 **Key Words**   다음 단어나 표현을 듣고, 알고 있는 것에 ✔표를 해 보세요. 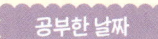 Day 08_01.mp3

☐ look   보다, 보이다   ☐ teacher   선생님

☐ like   ~처럼   ☐ mother(mom)   어머니(엄마)

☐ look like   ~처럼 보이다   ☐ genius   천재

☐ model   모델   ☐ superhero   슈퍼히어로

Step 2 **Key Expression**

What does she look like?

⬇

[무엇 / – / 그녀는 / 보이니 / ~처럼?]

⬇

그 여자분은 외모가 어때요?

누군가의 외모적 특징을 물어볼 때 What does ☐ look like?라고 해요. 질문의 대상이 여성일 때는 ☐ 자리에 she를, 대상이 남자일 때는 he, 그 외에는 대상의 이름을 넣어 물어볼 수도 있어요.

➡ **What does he look like?** 그는 외모가 어떠니?
What does Jane look like? Jane은 어떻게 생겼니?
What does Jack look like? Jack은 외모가 어떤가요?

---

 does는 **do**의 변형으로 의문문을 만들기 위해 쓴 조동사(도와주는 동사)예요. 별다른 뜻이 없지만 **do**나 **does**가 주어(여기서는 **she**) 앞에 오면 의문문, 즉 물어보는 문장이라는 걸 알 수 있어요. **do**는 **she, he, it**과 같이 주어가 3인칭 단수일 때 **does**로 변해요.

 비슷한 표현으로 **How does she look?**이 있어요. **What does she look like?**와 의미도 느낌도 거의 동일한 표현이지요. 대답에는 보통 상태를 나타내는 말(형용사)을 넣어서 이렇게 말해요. **She looks beautiful.**(그녀는 아름다워 보인다.), **He looks handsome.**(그는 잘생겨 보인다.)

What is she like?라는 표현도 기억해 두면 좋아요. 이 표현은 주로 성격에 관해 묻는 말이에요. 대답은 **She is friendly and smart.**(그녀는 친근하고 똑똑하다.)처럼 하면 돼요. 하지만 외모로 물어볼 때도 종종 쓰이는데, 외모에 대한 전체적인 느낌이 아닌 구체적인 묘사로 대답한다는 특징이 있어요. 예를 들면, **She is very tall and has long hair.**(그녀는 키가 정말 크고 머리가 길다.) 이렇게 말이죠.

어떤 표현이든 외모에 관한 질문과 대답은 신중해야 해요. 사람을 찾을 때, 누군가를 소개받는 상황에서 궁금할 때 등 꼭 필요한 경우 또는 긍정적인 의도 외에는 조심하세요.

She looks like a model.

⬇

[그녀는 / 보이다 / ~처럼 / 한 명의 / 모델.]

⬇

그녀는 모델 같아요.

어떤 사람의 외모를 말할 때 '~ 같아요', '~을 닮 았어요' 등으로 표현하는 경우가 많아요. 이때 '~처럼 보이다'라는 뜻의 look like를 써서 말해 요. 성별에 따라 She/he looks like □.라고 하 며, □ 자리에는 사람, 직업, 캐릭터, 가족 등이 올 수 있어요.

She looks like a teacher. 그녀는 선생님 같아.
She looks like her mother.
그녀는 그 애의 어머니 같아 보여요.

He looks like a genius. 걔는 천재 같이 보여.
He looks like a superhero. 그는 슈퍼히어로로 같아.
He looks like his father.
그 (남자)아이는 그의 아버지와 비슷해 보여.

 She가 3인칭 단수이기 때문에 동사인 **look** 뒤에 **s**를 붙여 **looks**가 되었어요. 주어가 '너(2인칭)'라면 **You look like a model.**이라고 하겠지요.

TIPS **What does she look like?**라는 질문에 대해 위와 같이 **She looks like ~.** 구문을 활용할 수도 있지만 구체적인 외모 묘사로 대답 할 수도 있어요.

She has long straight hair. 그녀는 긴 생머리를 가지고 있다.
She has brown eyes and she's very tall. 그녀는 갈색 눈을 가지고 있고, 키가 매우 크다.
He has short curly hair. 그는 짧은 곱슬머리를 가지고 있다.
He has brown eyes and he's slim. 그는 눈이 갈색이고 날씬하다.

대화의 빈칸에 알맞은 표현을 써 보세요. 들으며 답을 확인하고, 따라 말해 보세요.

 What does she _____ ? 그녀는 어떻게 생겼어?

 She _____ her mother. 그녀는 자기 어머니를 닮았어.

 What _____ her mother look like? 그녀의 어머니는 어떻게 생기셨어?

 Her mother looks like a _____ . 그녀의 어머니는 모델 같아 보이셔.

She's very tall.

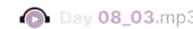
우리말 뜻을 보고, 빈칸에 알맞은 영어를 <보기>에서 골라 써 보세요. 들으며 답을 확인하고, 따라 말해 보세요.

보기

looks like   What   teacher   looks   superhero   does   like

우리말 뜻	영어 표현
1 그녀는 외모가 어때?	_____ does she look like?
2 그녀는 모델 같아.	She _____ like a model.
3 그녀는 선생님 같은 외모야.	She looks like a _____.
4 그는 외모가 어때?	What _____ he look like?
5 그는 그애의 아버지와 비슷해.	He _____ _____ his father.
6 Jack은 어떻게 생겼니?	What does Jack look _____?
7 그는 슈퍼히어로처럼 생겼어.	He looks like a _____.

 **GRAMMAR** 슬쩍 읽고 넘어가는 **3인칭 단수 동사 만들기**

be동사에 관해 공부할 때 '1인칭, 2인칭, 3인칭'이라는 말을 가볍게 언급했어요. 쉽게 말해, '나'는 1인칭(**I, we**), '너'는 2인칭(**you**), '나, 너를 뺀 나머지'는 모두 3인칭이에요. 그중 **she, he, it, Jack, Jane**처럼 3인칭인데 한 명(한 개)일 때 '3인칭 단수'라고 합니다.

3인칭 단수가 주어일 때는 동사의 모양이 변해요. **be**동사일 때에는 **is**를 쓰고, 일반동사일 때는 보통 동사 뒤에 **-s** 또는 **-es**를 붙여요. 그럼, 언제 **-s**를 붙이고 언제 **-es**를 붙이는지 '3인칭 단수 동사'를 만드는 규칙을 살펴볼게요.

대부분의 일반동사 뒤에는 -s	like ⇨ likes, borrow ⇨ borrows, use ⇨ uses
	I like spring. ⇨ She likes spring.
s, x, sh, ch, o로 끝나는 동사 뒤에는 -es	go ⇨ goes, do ⇨ does, watch ⇨ watches, wash ⇨ washes
	Do you have a pencil? ⇨ Does she have a pencil?
'자음 + y'로 끝나는 동사는 y를 i로 고친 후 -es	study ⇨ studies, fly ⇨ flies, try ⇨ tries
	I study English. ⇨ Minho studies English.
'모음 + y'로 끝나는 동사는 그냥 -s	play ⇨ plays, buy ⇨ buys, enjoy ⇨ enjoys
	You play soccer. ⇨ Jina plays soccer.
have는 불규칙으로 has	You have a pencil. ⇨ He has a pencil.

앞에서 공부한 표현을 여러 번 써 보고, 듣고 따라 말해 보세요.

1   What does she look like?

2   What does Jane look like?

3   What does he look like?

4   She looks like a model.

5   She looks like her mother.

6   He looks like a genius.

Step 7   Write About You

다음 질문에 대한 실제 '나'의 대답을 써 보세요.

Q   What does your mother look like?

DAY 09

What is he wearing?
옷차림 묻고 답하기

Step 1 **Key Words** 다음 단어나 표현을 듣고, 알고 있는 것에 ✔표를 해 보세요. 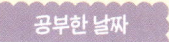 Day 09_01.mp3

☐ wear	입고[착용하고] 있다	☐ skirt	치마
☐ glasses	안경	☐ T-shirt	티셔츠
☐ green	초록색(의)	☐ black	검은색(의)
☐ shorts	반바지	☐ pants	바지
☐ pink	분홍색(의)		

Step 2 **Key Expression**

What is he wearing?
⬇
[무엇 / 이니 / 그는 / 입고 있는?]
⬇
그는 무엇을 입고 있나요?

누군가의 옷차림에 관한 질문을 할 때가 있지요. 예를 들면, '그는 어떤 옷을 입고 있니?'와 같은 문장일 텐데요. 그럴 때 [What + be동사 + 누구 + wearing?]이라고 해요. be동사와 주어를 바꾸어 가며 다양한 인물의 옷차림에 대해 질문할 수 있어요.

What is she **wearing?** 그녀는 무엇을 입고 있나요?
What is Jessica **wearing?**
Jessica는 무엇을 입고 있니?
What is your brother **wearing?**
너의 남동생은 무엇을 입고 있어?
What are you **wearing?** 너는 뭘 입고 있어?

TIPS **wear**와 비슷한 표현으로 **put on**이 있어요. 두 표현 모두 우리말로 '입다'라고 해석되지만 의미에 뚜렷한 차이가 있답니다.

wear 이미 입고 있는 상태	put on 현재 입는 동작
What is he **wearing**? 그는 무엇을 입고 있니? ➡ 이미 몸에 착용한 것에 관한 질문	What is he **putting on**? 그는 무엇을 입는 중이니? ➡ 현재 무엇을 입는 동작 중인지 묻는 말
He is **wearing** red pants. 그는 빨간 바지를 입고 있어요. ➡ 이미 착용하고 있는 상태	He is **putting on** red pants. 그는 빨간 바지를 입고 있는 중이에요. ➡ 현재 바지에 발을 넣고 있는 중

그러니 아침에 엄마가 하시는 "양말 신어라!"라는 표현은 **Wear your socks!(X)**가 아니라 **Put on your socks!(O)**라고 해야 하는 것이지요.

He's wearing glasses.

↓

[그는 ~이다 / 쓰고 있는 / 안경.]

↓

그는 안경을 쓰고 있어요.

외모 묘사를 할 때 인물이 입고 있는 옷을 표현하는 경우가 많아요. 입고 있는 옷을 말할 때 [누구 + be동사 + wearing □.]라고 해요. □ 자리에는 걸치고 있는 것의 종류를 간단히 넣기도 하지만, 구체적으로 색을 넣어 blue T-shirt처럼 말하면 조금 더 자세한 묘사를 할 수 있어요.

She is wearing green shorts.
그녀는 초록색 반바지를 입고 있어요.

She is wearing a pink skirt.
그녀는 분홍색 치마를 입고 있지.

He is wearing a T-shirt. 그는 티셔츠를 입고 있습니다.
I am wearing black pants. 나는 검은색 바지를 입고 있어.
You are wearing my shoes. 너는 내 신발을 신고 있잖아.

 wear는 옷이나 모자, 신발, 안경이나 마스크 같은 것을 몸에 착용하고 있는 상태를 말할 때 쓰는 동사예요. **wear**는 오늘 공부한 것처럼, 지금 입고 있는 상태를 말할 때도 쓰지만 늘 그렇게 입는 습관을 말할 때도 쓸 수 있어요.

지금 입고 있는 상태 (be동사 + wearing)	늘 그렇게 입는 습관 (wear/wears)
She is wearing red pants. 그녀는 빨간 바지를 입고 있어. I'm wearing a cap. 나는 모자를 쓰고 있어. I'm wearing Crocs. 난 크록스를 신고 있어. My brother is wearing glasses. 내 동생은 안경을 쓰고 있어.	She wears red pants every Monday. 그녀는 월요일마다 빨간 바지를 입어. I wear a cap everyday. 나는 매일 모자를 써. I wear Crocs in summer. 나는 여름에 크록스를 신어. My brother wears glasses. 내 남동생은 안경을 써.

     Day **09_02**.mp3

대화의 빈칸에 알맞은 표현을 써 보세요. 들으며 답을 확인하고, 따라 말해 보세요.

                    is your brother? 네 남동생은 어디에 있어?

 He's in the classroom.

 What is he   ? 그 애는 무엇을 입고 있어?

 He's wearing   . 그 애는 파란색 바지를 입고 있어.

 Oh, I can see him.

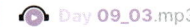
우리말 뜻을 보고, 빈칸에 알맞은 영어를 <보기>에서 골라 써 보세요. 들으며 답을 확인하고, 따라 말해 보세요.

보기

| What | are you | wearing | T-shirt | black pants | is | glasses |

	우리말 뜻	영어 표현
1	그는 무엇을 입고 있습니까?	What is he _____?
2	그는 티셔츠를 입고 있습니다.	He is wearing a _____.
3	그녀는 무엇을 입고 있나요?	_____ is she wearing?
4	그녀는 분홍색 치마를 입고 있어요.	She _____ wearing a pink skirt.
5	그는 안경을 쓰고 있단다.	He is wearing _____.
6	너는 무엇을 입고 있니?	What _____ _____ wearing?
7	나는 검은색 바지를 입고 있지.	I'm wearing _____ _____.

슬쩍 읽고 넘어가는 GRAMMAR 형용사

사람이나 사물의 성질, 상태, 수량 등을 설명해 주는 말을 '형용사'라고 해요. '형용사'라는 말은 처음 들으면 어렵게 느껴질 수 있으나, 우리는 이미 많은 형용사를 알고 있어요. **pretty**, **beautiful**, **handsome**, **happy**, **tired**, **angry**, **sad**, **sleepy** 등이 모두 형용사랍니다. 그뿐만 아니라 오늘 공부하고 있는 물건 앞에 쓰인 **green**, **pink**, **black** 등의 색깔을 표현하는 단어들도 모두 형용사로 쓰였어요. 형용사는 대표적으로 다음의 두 가지 형태로 쓰여요.

형용사☆ + 명사□ '☆한 □'	She is wearing red shoes. 그녀는 빨간 신발을 신고 있다. 형용사 명사 He has brown eyes. 그는 갈색 눈을 갖고 있다. 형용사 명사 My favorite subject is English. 내가 가장 좋아하는 과목은 영어이다. 형용사 명사
be동사 + 형용사☆ '☆이다, ☆하다'	She is beautiful. 그녀는 아름답다. be동사 형용사 He is tall. 그는 키가 크다. be동사 형용사 I am happy. 나는 행복하다. be동사 형용사

앞에서 공부한 표현을 여러 번 써 보고, 듣고 따라 말해 보세요.

1　What is he wearing?

2　What is Jessica wearing?

3　What are you wearing?

4　He is wearing glasses.

5　She is wearing a pink skirt.

6　I am wearing black pants.

Step 7　Write About You

친구나 가족 중 친근한 인물을 한 명 떠올리며 그(녀)의 옷차림에 대해 질문을 만들어 보고, 그것의 답을 써 보세요.

Q　What is _____?

My Brother

묘사하는 글

A **Let's Read** 어떤 내용인지 생각하며 다음 묘사하는 글을 소리 내어 읽어 보세요.

My Brother

My brother is Minjun.
He is at a library now.
He likes reading books.
He looks like Harry Potter.
He has short curly hair.
He is wearing glasses.
He is wearing a black T-shirt, too.
He is so cute and smart.
I love my brother.

B **Check Check** 위의 글을 다시 읽고, 아라 물음에 답해 보세요.

1 What is the writer's brother's name? 글쓴이의 남동생 이름은 무엇인가요?

➡ His name is   .

2 Where is Minjun now? 민준이는 지금 거디에 있나요?

➡ He's at a   .

3 What does Minjun look like? Write 4 key words.
민준이의 외모는 어떤가요? 4개의 주요 단어를 적어 보세요.

➡   , short   hair,

                    , a   T-shirt

묘사하는 글 쓰기

Descriptive Writing

왼쪽 글을 참고하여 '묘사하는 글'을 쓰려고 합니다. 마음 속에서 떠오르는 인물을 생각하며 빈칸에 영어 또는 한글로 써 보세요. (이번 챕터에서 공부했던 표현들을 활용하세요!)

인물은 어디에 있나요?

묘사하고 싶은 인물

외모적 특징

더 하고 싶은 말

그 외 인물의 특징

옷차림

위에 정리한 내용을 바탕으로 묘사하는 글을 써 보세요.

You look like a superhero!

나라별로 아이들이 '우상'처럼 여기는 대상을 알아봐요!

1 Superhero (미국)

미국 어린이들의 대표적인 우상은 스파이더맨, 슈퍼맨, 원더우먼 등의 슈퍼히어로예요. 그들은 '정의, 용기, 특별함'의 상징이죠.

2 축구 선수 (브라질)

브라질 어린이들의 대표적인 우상은 네이마르, 펠레 등의 축구 선수예요. 이들은 '가난을 딛고 성공한 영웅'으로 여겨진답니다. 그래서 공을 가지고 놀면서 세계적인 축구 선수를 꿈꾸는 아이들이 많아요.

3 Marie Curie(마리 퀴리) (프랑스)

세계 최초의 여성 노벨상 수상자이자 노벨상을 두 번이나 받았어요. 과학 분야에서 여성이 이룰 수 있는 가능성을 보여준 '과학의 히어로'라고 할 수 있어요.

4 마오리 전사/럭비선수 (뉴질랜드)

뉴질랜드 어린이들의 대표적인 우상은 올블랙스(All Blacks) 팀이에요. 올블랙스 팀은 국가 대표이자 세계 최고의 럭비팀으로, 그들이 보여주는 전통 전사 춤 '하카'는 매우 인상적이에요.

Daily Routine
일상 생활

이 챕터를 공부하면...

- 일과 묻고 답하기
- 주말에 하는 일 묻고 답하기
- 미래에 할 일 묻고 답하기

등을 익혀 '인터뷰 내용'을 쓸 수 있어요!

What time do you get up?
일과 묻고 답하기

다음 단어나 표현을 듣고, 알고 있는 것에 ✔표를 해 보세요. 🔊 Day 10_01.mp3

☐	what time	몇 시
☐	get up	일어나다
☐	have breakfast	아침을 먹다
☐	go to school	학교에 가다

☐	go to my academy	(나의) 학원에 가다
☐	get home	귀가하다
☐	do my homework	(나의) 숙제를 하다
☐	o'clock	정각

What time do you get up?

⬇

[몇 시 / – / 너는 / 일어나니?]

⬇

당신은 몇 시에 일어나나요?

누군가에게 일과를 물어볼 때 What time do you ☐?라고 말해요. ☐ 자리에 매일 반복적으로 하는 일상적인 행동과 관련된 어구를 넣으면 자연스러워요

➡

What time do you have breakfast?
넌 몇 시에 아침 먹어?

What time do you go to school?
너는 몇 시에 학교 가니?

What time do you go to your academy?
학원 몇 시에 가?

What time do you get home?
몇 시에 집에 오나요?

What time do you do your homework?
넌 몇 시에 숙제하니?

TIPS 영어권 문화에서는 일과를 공유하고 서로의 생활 패턴을 이해하는 일상적인 질문으로 **What time do you ~?**와 같은 질문이 자주 활용돼요. **What time do you get up?**과 같이 일과 시간을 묻는 말이 때로는 상대방이 대답하기에 부담이 될 수 있어요. 우리의 일과가 매일 똑같은 시각에 진행되지 않을 수 있기 때문이지요. 이럴 때, 동사 앞에 '보통, 일반적으로'라는 뜻의 **usually**를 넣으면 조금 더 부드럽고 편안한 표현이 될 수 있어요.

What time do you usually get up? 너는 보통 몇 시에 일어나니?
What time do you usually go to school? 넌 학교에 대체로 몇 시에 가니?

I get up at 7 o'clock.

[나는 / 일어나다 / ~에 / 7시 / 정각.]

난 7시 정각에 일어나요.

자신의 일과를 말할 때 [I □ at + 시각.] 이라고 해요. □ 자리에 일과와 관련된 어구를 넣고, at과 함께 그 일을 하는 시각을 넣어요.

I have breakfast **at 7:30.**   저는 7시 30분에 아침밥을 먹어요.
I go to school **at 8:30.**   나는 8시 30분에 학교에 가.
I go to my academy **at 3:30.**   난 3시 30분에 학원 가.
I get home **at 5.**   난 5시에 집으로 돌아와.
I do my homework **at 8 o'clock.**
저는 8시 정각에 숙제를 한답니다.

TIPS   뜻이 비슷해서 혼용되는 몇 가지 어구를 비교해서 살펴볼게요.

① **get up** vs. **wake up** 일어나다

   get up은 '누워있다가 일어난다'는 의미로, 잠에서 깬 후 실제로 침대에서 일어나서 움직이는 순간을 말해요. **wake up**은 '잠에서 깨다' 라는 뜻으로 의식이 돌아오는 순간을 말하고요. 어느 쪽에 초점을 닻추어 이야기하고 싶은지에 따라 선택하여 활용할 수 있지요.

② **have breakfast** vs. **eat breakfast** 아침을 먹다

   두 표현 모두 사용할 수 있지만 **have breakfast**가 더 자연스럽고 일상적인 표현으로 식사 전체를 포괄하는 느낌이에요. **eat breakfast**는 '먹는' 행위에 더 초점이 맞추어져 있어 무엇을 먹는지, 어떻게 먹는지 등을 강조할 때 사용해요. **lunch**, **dinner** 모두 동 일하게 적용된답니다.

③ **academy** vs. **institute** 학원

   academy와 **institute** 모두 한국의 '학원'을 뜻할 수 있지만, **institute**는 보통 더 큰 규모의 연구기관이나 전문 교육기관의 느낌이 있어서 학원을 말할 때는 '**private**' **institue**라고 표현하기도 해요. 또, 영어권에서는 보통 **after-school class**나 **private class** 같은 표현을 더 자연스럽게 사용하기도 합니다. 최근에는 우리말 표기대로 *hagwon*이라고 쓰기도 해요.

  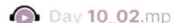 Day 10_02.mp3

대화의 빈칸에 알맞은 표현을 써 보세요. 들으며 답을 확인하고, 따라 말해 보세요.

 Jinho,   do you have breakfast? 진호야, 넌 몇 시에 아침을 먹어?

 I have   at 7. 난 7시에 아침 먹어.

 Oh! What time   get up? 몇 시에 일어나는데?

 I   at 6:30. 6시 30분에 일어나.

 Wow, you're an early bird.

우리말 뜻을 보고, 빈칸에 알맞은 영어를 <보기>에서 골라 써 보세요. 들으며 답을 확인하고, 따라 말해 보세요.

보기

What time   get home   go to school
my homework   at   get up   your homework

	우리말 뜻	영어 표현
1	넌 몇 시에 일어나니?	_____ _____ do you get up?
2	나는 7시에 일어나.	I _____ _____ at 7 o'clock.
3	학교에는 몇 시에 가나요?	What time do you _____ _____ _____?
4	저는 8시 반에 학교에 가요.	I go to school _____ 8:30.
5	난 5시에 귀가해.	I _____ _____ at 5.
6	숙제는 몇 시에 해?	What time do you do _____ _____?
7	난 8시 정각에 숙제해.	I do _____ _____ at 8 o'clock.

슬쩍 읽고 넘어가는 GRAMMAR   일반동사의 현재 시제

일반동사는 '~하다'라는 뜻을 가진 말로, 어떤 행동이나 움직임을 나타내요. 예를 들어 **get**(일어나다), **have**(먹다), **go**(가다), **do**(하다) 같은 말들이 모두 일반동사예요. 우리가 일과나 생활 습관 등 평소에 하는 일을 말할 때는 일반동사의 현재 시제를 써요. 현재 시제로 쓸 때는 동사원형을 쓰기도 하고 주어에 따라 변형된 형태를 쓰기도 해요.

동사원형 (동사의 원래 형태 그대로 쓰기)	문장 종류	3인칭 단수형 (-s/-es 붙여서 변형한 형태로 쓰기)
I get up at 7. 나는 7시에 일어난다.	평서문	He gets up at 7. 그는 7시에 일어난다.
You do your homework at 8. 너는 8시에 숙제를 하는구나.		She does her homework at 8. 그녀는 8시에 숙제를 하는구나.
They go to school at 8:30. 그 애들은 8시 30분에 학교에 간다.		Jay goes to school at 8:30. Jay는 8시 30분에 학교에 간다.
Do you get up at 7? 너는 7시에 일어나니?	의문문 Do/Does로 시작해요.	Does he get up at 7? 그는 7시에 일어나나요?
I don't get up at 7. 나는 7시에 일어나지 않는다.	부정문 don't/doesn't를 붙여요.	He doesn't get up at 7. 그는 7시에 일어나지 않는다.

이처럼 주어가 3인칭 단수라면 평서문뿐만 아니라 의문문, 부정문 부분에서도 동사나 조동사(**do/does**)를 변형해서 써야 해요. 3인칭 단수에 대한 내용은 DAY 24에서 좀 더 구체적으로 공부할 거예요.

앞에서 공부한 표현을 여러 번 써 보고, 듣고 따라 말해 보세요.

1   What time do you get up?

2   What time do you go to school?

3   What time do you do your homework?

4   I get up at 7 o'clock.

5   I go to school at 8:30.

6   I do my homework at 8 o'clock.

Step 7   Write About You

다음 질문에 대한 실제 '나'의 대답을 써 보세요.

Q   What time do you go to school?

What do you do on weekends?
주말에 하는 일 묻고 답하기

Step 1 Key Words   다음 단어나 표현을 듣고, 알고 있는 것에 ✔표를 해 보세요. Day 11_01.mp3

☐ do	하다	☐ go to the park	공원에 가다
☐ weekend	주말	☐ ride a bike	자전거 타다
☐ Sunday	일요일	☐ walk my dog	(내) 개를 산책시키다
☐ Monday	월요일	☐ have soccer practice	축구 연습하다
☐ Wednesday	수요일	☐ just	그냥, 그저
☐ Friday	금요일	☐ stay home	집에 있다
☐ Saturday	토요일	☐ hang out with my friends	(내) 친구들과 어울려 놀다

Step 2 Key Expression

What do you do on weekends?
⬇
[무엇을 / – / 너는 / 하니 / ~에 / 주말?]
⬇
당신은 주말에 무엇을 하나요?

상대방이 주말에 무엇을 하는지 물어보고 싶을 때 What do you do on weekends? 라고 말해요. 주말에 반복적으로 하는 일상적인 활동을 물어보는 것이지요. 주말이 아닌 다른 요일에 하는 일이 궁금하다면 weekends 대신에 특정 요일을 넣어 말할 수 있어요.

➡

What do you do on Sundays? 넌 일요일에 보통 뭐 하니?
What do you do on Mondays? 넌 월요일에 뭐 해?
What do you do on Wednesdays?
당신은 수요일에 뭐 하세요?
What do you do on Fridays? 금요일마다 뭐 해요?
What do you do on Saturdays?
넌 토요일에 보통 뭐하니?

weekends가 weekend에 -s를 붙여 '주말마다, 주말에는'의 뜻으로 쓰이는 것처럼, 요일 뒤에 -s를 붙여 on Sundays 와 같이 말하면 '일요일들', 즉 '매주 일요일'이라는 뜻이 돼요.

TIPS 비슷한 문장인 **What do you do in the afternoon?**은 '넌 오후에 (보통) 뭐하니?'라는 뜻이에요. 아침에 뭐 하는지를 묻고 싶다면 afternoon 대신 morning을 넣어서 **What do you do in the morning?**이라고 하면 돼요.

I go to the park.

⬇

[나는 / 가다 / ~로 / 그 / 공원.]

⬇

나는 공원에 가요.

내가 평소에 자주 하는 일상적이고 반복적인 일들을 말할 때 일반동사 현재형을 써서 표현해요. 주말마다, 또는 특정 요일마다 반복적으로 하는 일을 떠올려 말해 보아요.

I ride a bike. 저는 자전거를 타지요.
I walk my dog. 나는 강아지 산책을 시켜.
I have soccer practice. 나는 축구 연습을 해.
I just stay home. 나는 그냥 집에 있어.
I hang out with my friends. 저는 친구들과 어울려 놀아요.

 평소에 자주 하는 일상적이고 반복적인 일들을 우리는 여가 활동, 취미 활동 등으로 부르기도 해요. 활동 내용이 모두 다르기 때문에 다른 주제와는 다르게 반복되는 구문이 없어서 다소 어렵게 느껴질 수 있어요. 여러분이 자주 하는 활동들 중심으로 어떻게 표현하는지 살펴보고 외워두면 대화할 때 바로 쓸 수 있어 좋아요.

TIPS 두 문장을 **and**로 묶어서 대답할 수 있어요. 예를 들어, '나는 공원에 가서 강아지 산책을 시켜.'라는 말은 **I go to the park and walk my dog.**이라고 표현할 수 있죠. 두 문장에서 중복되는 **I**를 빼고 나머지 내용을 **and**로 연결하면 돼요. **I go to the park and ride a bike.**(나는 공원에 가서 자전거를 타.)처럼요.

대화의 빈칸에 알맞은 표현을 써 보세요. 들으며 답을 확인하고, 따라 말해 보세요.

 What do you do ? 너는 주말에 뭐해?

 I just on Saturdays. 나는 토요일에 그냥 집에서 쉬어.

 What about Sundays?

 I go to the park and ride a bike .

일요일에는 공원에 가서 자전거를 타.

우리말 뜻을 보고, 빈칸에 알맞은 영어를 <보기>에서 골라 써 보세요. 들으며 답을 확인하고, 따라 말해 보세요.

보기

park stay home What on Saturdays

hang out soccer do you dog

	우리말 뜻	영어 표현
1	당신은 주말에 무엇을 하나요?	_____ do you do on weekends?
2	저는 친구들과 놀아요.	I _____ _____ with my friends.
3	너는 토요일에 뭐하니?	What do you do _____ _____?
4	난 축구 연습을 해.	I have _____ practice.
5	넌 일요일에 뭐해?	What _____ _____ do on Sundays?
6	난 그냥 집에 있어.	I just _____ _____.
7	난 공원에 가서 강아지 산책 시켜.	I go to the _____ and walk my _____.

GRAMMAR **시간을 나타내는 전치사**

영어에서는 시간이나 날짜 등을 말할 때 **at**, **on**, **in**과 같은 전치사를 써요. DAY 07에서 공부했던 '위치, 장소'를 나타내는 전치사에 이어 이번에는 '시간'을 나타내는 전치사에 대해 알아볼 거예요. 아래 표를 보면서 어떤 전치사를 언제 쓰는지 살펴보세요.

at	정확한 시각이나 때를 말할 때	at 9 o'clock 9시 정각에 at lunch time 점심 시간에 at noon 정오에
on	요일, 날짜, 특정한 날을 말할 때	on Tuesday 화요일에 on May 5th 5월 5일에 on Christmas 크리스마스에
in	하루 중 특정 시간대, 월, 계절, 연도 등 비교적 넓은 시간 표현을 말할 때	in the afternoon 오후에 in March 3월에 in spring 봄에 in 2025 2025년에

이렇게 말하고자 하는 내용이 '시각'인지, '요일'인지, '연, 월, 계절'인지에 따라 쓰는 전치사가 달라져요.

앞에서 공부한 표현을 여러 번 써 보고, 듣고 따라 말해 보세요.

1 What do you do on weekends?

2 What do you do on Mondays?

3 What do you do on Wednesdays?

4 I go to the park.

5 I walk my dog.

6 I hang out with my friends.

Step 7   Write About You

다음 질문에 대한 실제 '나'의 대답을 써 보세요.

Q   What do you do on weekends?

What will you do this summer?
미래에 할 일 묻고 답하기

Step 1 Key Words 다음 단어나 표현을 듣고, 알고 있는 것에 ✔표를 해 보세요. 🎧 Day **12_01**.mp3

☐	will	~할 것이다
☐	this summer	이번 여름
☐	this afternoon	오늘 오후
☐	tomorrow	내일
☐	birthday	생일
☐	go camping	캠핑을 가다

☐	go on a trip	여행을 가다
☐	go to Jeju Island	제주도에 가다
☐	visit my aunt	(나의) 이모댁을 방문하다
☐	take a cooking class	요리 수업을 듣다
☐	have a party	파티를 하다

Step 2 Key Expression

What will you do this summer?
⬇
[무엇 / ~할 거니 / 너는 / 하다 / 이번 / 여름에?]
⬇
이번 여름에 뭐 할 거예요?

친구가 앞으로 무엇을 할지 궁금할 때 What will you do □?라고 물어봐요. □ 자리에는 '미래의 언제'에 해당하는 말을 넣어요. 예를 들면 '이번 여름', '오늘 오후', '내일', '다음 주말'처럼요.

➡

What will you do this afternoon**?**
오늘 오후에 뭘 하실 거예요?

What will you do this Friday**?** 이번 주 금요일에 뭐 할 거야?

What will you do next weekend**?**
다음 주 주말에 뭐 할 거죠?

What will you do tomorrow**?** 내일은 뭐 하세요?

What will you do on your birthday**?**
넌 녀의 생일에 뭐 할 거니?

 3학년 때부터 **this**를 줄곧 활용해 왔어요. **What's this?**에서는 '이것'이라는 뜻이고, **Who is this?**에서는 '이 사람, 이 분' 이라는 뜻이에요. **This pencil is mine.**에서는 '이'라는 뜻으로 연필을 꾸며주어 '이 연필'이라는 의미가 되지요.

오늘 표현에서의 **this**는 '이번'이라는 뜻이에요. **this summer**(이번 여름(방학)), **this afternoon**(이번 오후, 즉 오늘 오후), **this Friday**(이번 주 금요일) 등으로 쓰일 수 있죠.

때를 나타내는 경우, 마지막 문장의 **on your birthday**처럼 [on + 특별한 날]의 형식으로 말할 수도 있어요. **on Christmas** (크리스마스에), **on Children's Day**(어린이 날에) 등으로 표현하면 자연스럽지요.

I will go camping.

[나는 / ~할 것이다 / 캠핑을 가다.]

나는 캠핑을 갈 거예요.

자신이 미래에 할 일을 말할 때 I will □.라고 해요. □ 자리에 자신이 할 일을 나타내는 단어나 어구를 넣어요. will 뒤에 오는 동사는 원형을 써요.

I will **go on a trip.** 저는 여행을 갈 것입니다.
I will **go to Jeju Island.** 난 제주도에 갈 거야.
I will **visit my aunt.** 저는 이모댁에 가려고요.
I will **take a cooking class.** 난 요리 수업을 들을 거야.
I will **have a party.** 난 파티를 할 거야.

 I will은 축약해서 **I'll** 이라고 할 수 있어요. 위의 문장들을 축약형으로 쓰면 아래와 같아요. 실제 회화에서는 축약형이 많이 쓰여요.

I'll go camping.
I'll go to Jeju Island.
I'll take a cooking class.

I'll go on a trip.
I'll visit my aunt.
I'll have a party.

TIPS with는 '~와 함께'라는 뜻으로, 문장 뒤에 붙이면 '누구와 함께하는지'의 정보를 더할 수 있어요. 예를 들면 **with my family**(나의 가족과 함께), **with my friend**(나의 친구와 함께), **with Elly**(Elly와 함께) 이런 식이지요. 문장에 덧붙여 **I will go camping with my family.**(나는 가족과 함께 캠핑을 갈 거야.)라고 하면 조금 더 많은 정보를 담아 풍성한 문장이 되지요. 축약된 표현을 활용해서 **I'll go camping with my family.**라고 해도 자연스러운 문장이 완성돼요.

🔊 Day **12_02**.mp3

대화의 빈칸에 알맞은 표현을 써 보세요. 들으며 답을 확인하고, 따라 말해 보세요.

 What will you do  ? 넌 이번 여름에 뭐 할 거야?

 go to Jeju Island. 나는 제주도에 갈 거야.

 will you do there? 거기에서 뭐 할 거야?

 swim in the sea! 나는 바다에서 수영을 할 거야!

 Wow! That sounds fun.

우리말 뜻을 보고, 빈칸에 알맞은 영어를 <보기>에서 골라 써 보세요. 들으며 답을 확인하고, 따라 말해 보세요.

보기

will   What will you do   I'll   next weekend
visit   go on a trip   go camping

	우리말 뜻	영어 표현
1	이번 여름에 뭐 할 거야?	What _____ you do this summer?
2	나는 여행 갈 거야.	I will _____ _____ _____ _____ .
3	다음 주 주말에 뭐할 거야?	What will you do _____ _____ ?
4	난 이모댁에 갈 거야.	I'll _____ my aunt.
5	너는 생일에 뭐 할 거니?	_____ _____ _____ _____ on your birthday?
6	난 캠핑 갈 거야.	I will _____ _____ .
7	저는 요리 수업을 들을 거예요.	_____ take a cooking class.

GRAMMAR 슬쩍 읽고 넘어가는 **조동사 will**

미래에 할 일을 말할 때는 동사의 원형 앞에 조동사 **will**을 넣어요. **will**을 넣으면 '~할 것이다'라는 의미를 담을 수 있어요.

I go camping. 나는 캠핑을 간다. ⇨ **I will go camping.** 나는 캠핑을 갈 것이다.

미래의 할 일을 묻는 의문문은 두 가지로 나타낼 수 있어요.

Will you + 동사원형? (너는 ~을 할 거니?)	**What will you do + (언제)?** (너는 ~에 무엇을 할 거니?)
Will you go camping? 너는 캠핑을 갈 거니?	What will you do this summer? 이번 여름에 무엇을 할 거야?

미래에 관해 이야기할 때 보통 **will**과 함께 **be going to**를 많이 써요. 두 표현 모두 우리말로 '~할 것이다'라고 해석하지만, 실제 영어권에서 활용할 때는 뉘앙스가 달라요. **will**은 지금 막 정한 계획을 말할 때 쓰는 표현으로 하고 싶은 마음을 표현하는 느낌이라면, **be going to**는 이미 정해진 계획이나 준비된 일을 말할 때 쓰는 느낌이에요. 이 표현은 DAY 15에서 조금 더 자세히 공부해 볼 거예요.

앞에서 공부한 표현을 여러 번 써 보고, 듣고 따라 말해 보세요.

1   What will you do this summer?

2   What will you do tomorrow?

3   What will you do on your birthday?

4   I will go camping.

5   I will take a cooking class.

6   I will have a party.

Step 7   Write About You

다음 질문에 대한 실제 '나'의 대답을 써 보세요.

Q   What will you do tomorrow?

Interview

인터뷰

A **Let's Read** 어떤 내용인지 생각하며 다음 인터뷰를 소리 내어 읽어 보세요.

사회자: 전세계적으로 사랑받고 있는 축구선수이지요. Michael 선수를 인터뷰해 보도록 하겠습니다.

사회자: Hello, Michael!

Michael: He lo.

사회자: You're an amazing soccer player. What time do you usually get up?

Michael: I get up at 5 o'clock.

사회자: Wow. What do you do in the morning?

Michael: I have soccer practice.

사회자: Oh, you're an early bird!

Michael: Yes, I practice everyday.

사회자: What will you do this weekend?

Michael: I'll have soccer practice, too.

사회자: That's great! Good luck!

> **TIPS**
> **amazing** 놀라운
> **early bird** 일찍 일어나는 사람
> **luck** (좋은) 운, 행운

B **Check Check** 위의 글을 다시 읽고, 아래 물음에 답해 보세요.

1 What does Michael do? Michael의 직업은 무엇인가요?

➡ He is a _____ .

2 What time does Michael get up? Michael은 몇 시에 일어나나요?

➡ He gets up at _____ .

3 What does Michael do in the morning? Michael은 아침에 무엇을 하나요?

➡ He has _____ .

4 What will Michael do this weekend? Michael은 이번 주말에 무엇을 할까요?

➡ He will have _____ , too.

인터뷰 내용 쓰기

Interview

왼쪽 글을 참고하여 '인터뷰' 내용을 쓰려고 합니다. 내가 사회자라면 누구와 인터뷰를 하고 싶나요? 인터뷰 장면을 상상하며 떠오르는 내용을 빈칸에 영어 또는 한글로 써 보세요. (이번 챕터에서 공부했던 표현들을 활용하세요!)

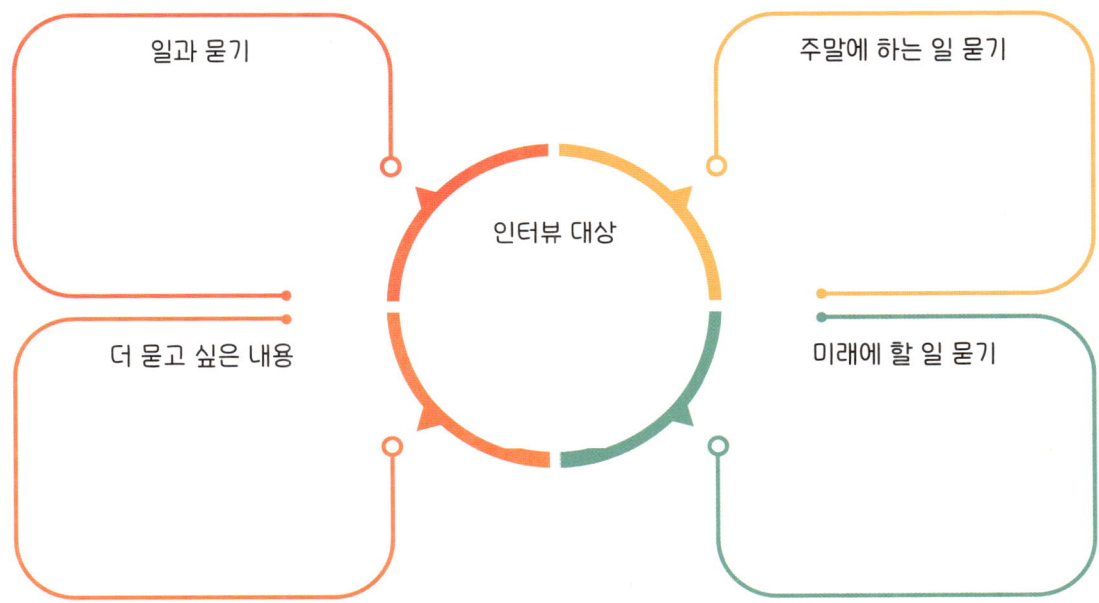

일과 묻기

주말에 하는 일 묻기

인터뷰 대상

더 묻고 싶은 내용

미래에 할 일 묻기

위에 정리한 내용을 바탕으로 인터뷰 내용을 써 보세요.

What time do you get up?

Are you an Early Bird or a Night Owl?

Early Bird

- 아침에 일찍 일어나요.
- 오전에 활발하게 활동하는 사람이에요.
- 아침 시간에 집중이 잘 되고 에너지가 넘쳐요.

Night Owl

- 밤늦게까지 깨어 있어요.
- 밤에 집중이 더 잘 되는 사람이에요.
- 아침보다는 저녁 활동을 더 즐기는 편이에요.

이런 표현으로 자신의 하루를 소개할 수 있어요.

I get up at 6.
I read a book in the morning.
I exercise, too.

I'm so sleepy in the morning.
I do my homework at night.
I go to bed late.

Early Bird이든, Night Owl이든 수면 시간은 9시간~11시간 정도 꼭 확보하기로 해요!

연령별 권장수면 시간 ▶

Earth Day
지구의 날

이 챕터를 공부하면...

· 아는지 묻고 답하기
· 제안 및 권유하기
· 미래 계획 묻고 답하기

등을 익혀 '환경 보호 포스터'를 만들 수 있어요!

Do you know anything about Earth Day?
아는지 묻고 답하기

Step 1 Key Words 다음 단어나 표현을 듣고, 알고 있는 것에 ✔표를 해 보세요. 🔊 Day 13_01.mp3

☐	know	알다	☐	save water	물을 절약하다
☐	anything	무엇(이든)	☐	save energy	에너지를 절약하다
☐	Earth Day	지구의 날	☐	by	~함으로써, ~로
☐	recycle	재활용하다	☐	turn off	끄다
☐	special	특별한	☐	tap	수도꼭지
☐	paper	종이	☐	light	빛, 조명
☐	can	캔, 깡통	☐	stair	계단
☐	bottle	병			

Step 2 Key Expression

Do you know anything about Earth Day?

⬇

[– / 너는 / 아니 / 무엇이든 / ~에 대해 / 지구의 날?]

지구의 날에 대해 알고 있나요?

무언가에 대해 조금이라도 알고 있는지 물어
볼 때 Do you know anything about ☐?라
는 표현을 써요. ☐ 자리에는 특별한 날, 사람,
도시, 나라, 행사, 단어 등 다양한 주제어가 들
어갈 수 있어요.

➡

Do you know anything about recycling?
재활용에 대해 알고 있어?

Do you know anything about saving water?
물 절약에 대해 좀 아는 것이 있습니까?

Do you know anything about saving energy?
에너지 절약에 대해 알고 있니?

🐾 **Do you know anything about ~?**이라는 표현은 보통 두 가지 상황에서 써요. 먼저, 내가 아는 걸 말해주고 싶을 때 쓸
수 있어요. "이거 알아?"하고 말문을 열 때 쓰는 것이지요. 예를 들어 **Do you know anything about the Earth?**(지구
에 대해 좀 알아?) 이렇게 물어보고 나서 내가 지구에 대해 알고 있는 걸 신나게 말할 수 있죠. 또는 정말 몰라서 물어볼 때 사
용해요. '~에 대해 아는 것 좀 있어? 나에게 좀 알려줘.'라는 느낌이지요. 예를 들어 **Do you know anything about this
game?**(이 게임에 대해 좀 알고 있니?)라고 물었을 때 친구가 그 게임을 잘 알면 나에게 설명해 줄 수 있겠지요.

 Earth Day는 매년 4월 22일로, 지구 환경오염 문제의 심각성을 일깨우기 위해 자연보호자들이 제정한 날이에요. 우리나라는 2009년부
터 매년 '지구의 날'을 전후로 한 길주일을 기후 변화 주간으로 정하여 기후 변화의 심각성을 인식하고 저탄소 생활 실천의 필요성을 알리기
위한 전기불을 끄는 소등 행사 등을 전국 각지에서 진행하고 있어요.

Yes, I do. It's a special day for the Earth.

[응, / 난 / 그래.] [그것은 ~이다 / 하나의 / 특별한 / 날 / ~을 위한 / 그 / 지구.]

네, 저 알아요. 지구를 위한 특별한 날이에요.

무언가에 대해 알고 있는지 묻는 말에 대한 대답은 먼저 Yes 또는 No로 아는 지를 말하고, 안다면 이어서 알고 있는 내용을 덧붙여요. 다양한 대답이 가능하지만, 이번엔 알고 있다는 Yes 혹은 Sure와 같은 긍정 표현과 함께 We can ~. 구문을 이용해 우리가 할 수 있는 일을 말하는 연습을 해볼게요.

Yes. We can recycle paper, cans, and bottles.
네. 우리는 종이, 캔, 병을 재활용할 수 있어요.

Sure. We can save water by turning off the tap.
물론이지. 우리는 수도꼭지 잠그기로 물을 아낄 수 있어.

Sure. We can save water by using a cup.
물론이죠. 우리는 컵을 사용함으로써 물을 아낄 수 있어요.

Of course. We can save energy by turning off the light.
당연하지. 우리는 전등 끄기로 에너지를 절약할 수 있단다.

Of course. We can save energy by using the stairs.
당연하지. 우리는 계단을 이용함으로써 에너지를 절약할 수 있지.

  by는 '~함으로써', '~로'라는 의미예요. **by turning off the tap**(수도꼭지를 잠금으로써), **by using a cup**(컵을 이용함으로써), **by turning off the light**(불 끄기로), **by using the stairs**(계단 이용하기로)와 같이 **by** 뒤에는 '~하기'라는 의미의 **-ing** 구문이 따라왔어요. 이러한 규칙도 눈여겨보면 좋겠지요.

TIPS   **Do you know anything about ~?**이라는 질문을 받았을 때 잘 모를 수도 있지요. 그럴 때는 **No, I don't.**(아니, 잘 몰라.) 또는 **Not really. Can you tell me?**(잘 모르겠는데. 네가 좀 알려줄래?)라고 대답할 수 있어요.

대화의 빈칸에 알맞은 표현을 써 보세요. 들으며 답을 확인하고, 따라 말해 보세요.

 Do you _____ about Earth Day? 넌 지구의 날에 대해 알고 있어?

 Yes, it's a _____ day for the Earth. 응, 지구를 위한 특별한 날이지.

 What can we do?

 We can _____ by turning off the light.

우리는 전등을 끔으로써 에너지를 절약할 수 있어.

 Right! We can save energy by _____ , too.

우리가 계단을 이용하는 것으로도 에너지를 절약할 수 있지.

우리말 뜻을 보고, 빈칸에 알맞은 영어를 <보기>에서 골라 써 보세요. 들으며 답을 확인하고, 따라 말해 보세요.

보기

a special day   saving water   the light
recycling   anything   recycle   turning off

	우리말 뜻	영어 표현
1	지구의 날에 대해 알고 있나요?	Do you know _____ about Earth Day?
2	지구를 위한 특별한 날이지요.	It's _____ _____ _____ for the Earth.
3	재활용에 대해 알고 있니?	Do you know anything about _____?
4	우리는 종이, 캔, 병을 재활용할 수 있잖아.	We can _____ paper, cans, and bottles.
5	물 절약에 대해 알고 있습니까?	Do you know anything about _____ _____?
6	우리는 수도꼭지 잠그기로 물 절약을 할 수 있습니다.	We can save water by _____ _____ the tap.
7	우리는 전등을 끔으로써 에너지를 절약할 수 있어.	We can save energy by turning off _____ _____.

GRAMMAR 동명사

동사(~하다)가 명사(~하기)로 변신한 것이 '동명사'입니다. 동사원형에 **-ing**를 붙이기만 하면 되니 만드는 방법도 매우 간단해요.

동사원형		동명사		TIPS
turn off 끄다	+ ing	turning off 끄기	e로 끝나면 e를 지우고 -ing 붙이기 '자음 + 모음 + 자음'으로 끝나면, 마지막 자음을 한 번 더 쓴 후 ing 붙이기 (예: running, shopping 등)	영어에서 모음은 **a, e, i, o, u** 다섯 개뿐, 나머지는 모두 자음이랍니다.
save 절약하다		saving 절약하기		'자음 + 모음 + 자음'으로 끝나는 동사는 **run, sit, put, shop** 등이 있어요.
swim 수영하다		swimming 수영하기		

오늘 공부에서 활용했던 동명사를 짚어보면 다음과 같아요.

Do you know anything about saving water? 너는 물 **절약하기**에 대해 알고 있니?
We can save water by turning off the tap. 우리는 수도꼭지 **잠그기**로 물을 절약할 수 있어.

앞에서 공부한 표현을 여러 번 써 보고, 듣고 따라 말해 보세요.

1 Do you know anything about Earth Day?

2 Do you know anything about recycling?

3 Do you know anything about saving water?

4 It's a special day for the Earth.

5 We can recycle paper, cans, and bottles.

6 We can save water by turning off the tap.

Step 7   Write About You

다음 질문에 대한 실제 '나'의 대답을 써 보세요.

Q   Do you know anything about saving energy?

How about turning off the light?
제안 및 권유하기

공부한 날짜

월   일

Step 1 Key Words

다음 단어나 표현을 듣고, 알고 있는 것에 ✔표를 해 보세요. 🔘 Day 14_01.mp3

☐ how about	~하는 거 어때(요)?	
☐ turning off the light	불(전등) 끄기	
☐ turning off the tap	수도꼭지 잠그기	
☐ using the stairs	계단 이용하기	
☐ using a cup	컵 사용하기	
☐ recycling paper	종이 재활용하기	
☐ picking up trash	쓰레기 줍기	

☐ good	좋은
☐ idea	생각, 발상
☐ let's	~하자(합시다)
☐ we	우리
☐ should	~해야 한다
☐ great	아주 좋은, 멋진
☐ see	보다, 알다

Step 2 Key Expression

How about turning off the light?

⬇

[어떠니 / ~에 대해서 / 끄는 것 / 그 / 불(전등)?]

⬇

전등을 끄는 게 어때요?

'~은 어때요?'라고 질문의 형태로 제안할 때 How about □?라고 말해요. □ 자리에 제안하는 내용이 들어가요.

➡

How about turning off the tap? 수도꼭지를 잠그는 건 어때요?
How about using the stairs? 계단 이용하기는 어떻습니까?
How about using a cup? 컵을 사용하는 것은 어때?
How about recycling paper? 종이를 재활용하는 게 어떨까?
How about picking up trash? 쓰레기 줍기는 어때?

 How about 뒤에 오는 '제안하는 내용'은 보통 동명사의 형태로 와요. 위에 제시된 주요 표현 속 **turning, using, recycling, picking** 모두 동명사지요. 동명사는 '~하기, ~하는 것' 등으로 해석되어 [**How about** + 동명사?]는 '~하는 거 어때?'라는 뜻의 제안하는 말이 되는 거예요.

 제안하는 또 다른 표현으로는 **Why don't we** □?가 있어요. 직역하면 [왜 / 안 해 / 우리는 / ~을?]이 되어, '왜 우리는 ~을 안 하지?'가 되는데, 실제 뉘앙스는 '**우리 ~을 할까?**'라는 제안 또는 권유에 가까운 의미가 되어요. **How about** 구문과의 차이는 □ 부분에 동명사가 아닌 동사원형이 들어간다는 거죠.

> **Why don't we** <u>turn off</u> the light? 우리 전등을 꺼 볼까?
> **Why don't we** <u>use</u> the stairs? 우리 계단 이용하는 거 어때요?

자세한 내용은 에서 살펴보기로 해요.

You're right!

⬇

[너는 ~이다 / 맞는!]

⬇

당신 말이 맞아요!

누군가가 '~하는 건 어때?'라고 제안을 했을 때 우리는 보통 '맞는 말이야.', '좋은 생각이다.' 등으로 대답할 수 있어요. ➡

That's a good idea. 좋은 생각이야.
Okay, let's do that. 그래, 그렇게 하자.
Yes, we should do that. 응, 그렇게 해야 해.
Great idea! 정말 좋은 생각이다!
Oh, I see. 오, 알겠어.

 위의 표현들은 다양한 상황에서 상대방의 이야기를 듣고 맞장구치거나 긍정의 대답을 할 때 활용할 수 있어요.

 환경 보호에 관한 이야기를 이어가고 있어요. 누군가가 제안했을 때 동의하는 표현으로 대답하고, '우리는 에너지를 절약해야 해.'와 같이 의무를 나타내는 말을 덧붙일 수 있어요. 아래의 예시 대화를 살펴보세요.

A: How about turning off the light? 불 끄는 거 어때?
B: That's a good idea. We should save the energy. 좋은 생각이야. 우리 에너지 절약해야 하잖아.

제안하는 내용에 따라 덧붙일 수 있는 표현을 몇 가지 더 살펴볼게요.

We should save the water. 우리는 물을 절약해야 해.
We should protect the planet. 우리는 지구를 보호해야 해.

이런 표현을 활용해서 환경 보호에 대한 여러분의 생각을 조금 더 자연스럽고 풍부하게 표현할 수 있어요.

대화의 빈칸에 알맞은 표현을 써 보세요. 들으며 답을 확인하고, 따라 말해 보세요.

 What can we do for the Earth?

 Umm... How about _____? 쓰레기 줍기는 어때?

 That's a _____! 좋은 생각이야! We should protect the planet.

 Yes, you're _____. 그래, 네 말이 맞아.

우리말 뜻을 보고, 빈칸에 알맞은 영어를 <보기>에서 골라 써 보세요. 들으며 답을 확인하고, 따라 말해 보세요.

보기

turning off   recycling   How about

using   picking up   good idea   right

	우리말 뜻	영어 표현
1	전등을 끄는 게 어때?	_____ _____ turning off the light?
2	계단을 이용하는 게 어떨까요?	How about _____ the stairs?
3	수도꼭지를 잠그는 건 어떨까?	How about _____ _____ the tap?
4	쓰레기를 줍는 건 어때?	How about _____ _____ trash?
5	종이를 재활용하는 건 어떨까요?	How about _____ paper?
6	네 말이 맞아!	You're _____!
7	좋은 생각이야.	That's a _____ _____.

 **GRAMMAR** 제안하는 표현

3~4학년에서 배운 제안하는 표현, 기억하나요? 대표적인 문장으로 **Let's play soccer.**가 있었지요. 그리고 오늘 공부한 **How about ~ing?**도 제안하는 표현이었어요. 이렇게 의미는 비슷하지만 표현이 다른 문장들을 함께 비교하며 익혀 보아요.

Let's ~. ~하자.	Let's + 동사원형.	**Let's use the stairs.** (우리) 계단을 이용하자.
How about ~ing? ~하는 것 어때?	How about + 동명사?	**How about using the stairs?** 계단을 이용하는 건 어때?
Why don't we ~? 우리 ~할까?	Why don't we + 동사원형?	**Why don't we use the stairs?** 우리 계단을 이용할까?

앞에서 공부한 표현을 여러 번 써 보고, 듣고 따라 말해 보세요.

1　How about turning off the light?

2　How about using the stairs?

3　How about picking up trash?

4　You're right!

5　That's a good idea.

6　Oh, I see.

Step 7　Write About You

환경을 보호하기 위해 제안하고 싶은 내용을 떠올려 두 가지 문장을 써 보세요.

How about   ?

How about   ?

What are you going to do on Earth Day?

미래 계획 묻고 답하기

공부한 날짜

월   일

Step 1 **Key Words**   다음 단어나 표현을 듣고, 알고 있는 것에 ✔표를 해 보세요.   🎧 Day 15_01.mp3

☐ be going to — ~할 것이다
☐ Parents' Day — 어버이날
☐ evening — 저녁
☐ later — 나중에

☐ start a campaign — 캠페인을 시작하다
☐ take a science class — 과학 수업을 듣다
☐ join a book club — 독서 동아리에 가입하다
☐ watch a movie — 영화 보다

Step 2 **Key Expression**

What are you going to do on Earth Day?

⬇

[무엇을 / 이니 / 너는 / ~할 예정 / 하다 / ~에 / 지구의 날?]

⬇

당신은 지구의 날에 무엇을 할 예정인가요?

미래에 할 일이나 계획을 물어볼 때 What are you going to do □?의 표현을 써요. □ 에는 '언제'에 해당하는 시간 표현이 들어가 지요. 예를 들면 '특정한 날, 요일, 이번 주 말, 내일, 오늘 오후' 등이 있어요.

➡

What are you going to do on Parents' Day?
어버이날에 뭐 할 예정이니?

What are you going to do on Saturday?
토요일에 뭐 할 거야?

What are you going to do this weekend?
이번 주말에 무엇을 할 계획입니까?

What are you going to do this evening?
오늘 저녁에 무엇을 할 예정이니?

What are you going to do later? 나중에 뭐 할 거야?

---

 be going to의 **be**동사는 주어에 따라 달라져요.

너는 지구의 날에 무엇을 할 예정이니?	What are you going to do on Earth Day?
그는 지구의 날에 무엇을 할 예정이니?	What is he going to do on Earth Day?
그녀는 지구의 날에 무엇을 할 예정이니?	What is she going to do on Earth Day?
나는 지구의 날에 무엇을 할 예정일까?	What am I going to do on Earth Day?

I'm going to start a campaign.

[나는 ~이다 / ~할 예정 / 시작하다 / 하나의 / 캠페인을.]

나는 캠페인을 시작할 거예요.

미래에 할 일, 계획 등을 말할 때 I'm going to ☐.라고 해요. ☐에는 이미 하기로 정한 일이나 계획을 넣어요.

I'm going to **have a party.** 나는 파티를 열 거야.
I'm going to **take a science class.**
나는 과학 수업에 참여할 예정이야.
I'm going to **join a book club.**
나는 독서 동아리에 가입하려고 해.
I'm going to **watch a movie.** 난 영화 보기로 했어.
I'm going to **pick up trash.** 나는 쓰레기를 주울 거야.

DAY 12에서 **will**을 활용한 미래 시제 표현에 대해 공부했어요. 미래 시제를 표현하는 또 다른 방법은 **be going to**를 활용하는 거예요.

I **will** have a party. / I **am going to** have a party.

두 표현 모두 '나는 파티를 할 거야.'라고 해석하지만 **be going to**는 **will**보다 실행 가능성이 높고, 미리 정한 일 또는 계획을 의미한다는 점을 다시 한번 상기해 보면 좋아요.

대화의 빈칸에 알맞은 표현을 써 보세요. 들으며 답을 확인하고, 따라 말해 보세요.

 Tomorrow is Earth Day. What _____ you _____ _____

do on Earth Day, Jay? 지구의 날에 뭐 할 거야, Jay야?

 I'm going to _____ a campaign. 나는 캠페인을 시작할 거야.

 Great idea!

 _____ _____ _____ going to do tomorrow? 너는 내일 뭐 할 거니?

 I'm going to _____ with my family.

나는 가족과 함께 쓰레기를 주울 거야.

우리말 뜻을 보고, 빈칸에 알맞은 영어를 <보기>에서 골라 써 보세요. 들으며 답을 확인하고, 따라 말해 보세요.

보기   take   are you   What   I'm going to   going to do   have   visit

	우리말 뜻	영어 표현
1	당신은 지구의 날에 무엇을 할 예정입니까?	_____ are you going to do on Earth Day?
2	저는 캠페인을 시작할 계획입니다.	_____ _____ _____ start a campaign.
3	넌 어버이날에 뭐 할 거니?	What _____ _____ going to do on Parents' Day?
4	나는 파티를 할 거야.	I'm going to _____ a party.
5	이번 주말에 무엇을 할 계획이야?	What are you _____ _____ _____ this weekend?
6	난 조부모님댁에 가려고 해.	I'm going to _____ my grandparents.
7	나는 과학 수업에 참여할 거야.	I'm going to _____ a science class.

술쩍 읽고 넘어가는 **GRAMMAR**   미래 시제 be going to

미래 시제를 만들 때 **will** 또는 **be going to**을 활용한다는 것을 알고 있지요? **will**과 **be going to** 뒤에는 동사원형이 온다는 공통점이 있어요. 그렇다면 어떤 차이가 있을까요?

will	be going to
그냥 그때 갑자기 정한 일 (하고 싶은 일의 느낌)	미리 계획한 일 (진짜 할 예정이라는 느낌)

이번엔 **be going to**에 대해 집중 탐구해 볼게요.

주어에 따라 달라지는 be동사	1인칭(나)	I am going to have a party. 나는 파티를 열 계획이에요.
	2인칭(너)	You are going to have a party. 당신은 파티를 열 계획이군요.
	3인칭(너와 나를 뺀 나머지)	He is going to have a party. 그가 파티를 열 거예요.
부정문(~하지 않을 거야)으로 말하기		be동사 뒤에 not을 붙여요. I'm not going to have a party. 나는 파티를 열지 않을 거예요.
의문문(~할 거니?)으로 말하기		[주어 + be동사]의 순서를 바꾸어 [be동사 + 주어] 순으로 말해요. Are you going to start a campaign? 캠핑을 시작할 계획인가요? Are you going to have a party? 파티를 열 건가요?

앞에서 공부한 표현을 여러 번 써 보고, 듣고 따라 말해 보세요.

1   What are you going to do on Earth Day?

2   What are you going to do on Parents' Day?

3   What are you going to do this evening?

4   I'm going to start a campaign.

5   I'm going to have a party.

6   I'm going to watch a movie.

Step 7   Write About You

다음 질문에 대한 실제 '나'의 대답을 써 보세요.

Q   What are you going to do this weekend?

Earth Day

환경 보호 포스터

A **Let's Read** 어떤 내용인지 생각하며 다음 환경 보호 포스터를 소리 내어 읽어 보세요.

Do you know anything about Earth Day?

It's a special day for the Earth.
It's on April 22nd.

TIPS

planet은 '행성'이라는 뜻이지만, 통상 **the**를 붙여 '우리별', '지구'라는 의미로 많이 쓰여요.

How about turning off the light? We should save energy.
How about turning off the tap? We should save water.
How about picking up trash? We should protect the planet.
What are you going to do for the planet?

B **Check Check** 위의 글을 다시 읽고, 아래 물음에 답해 보세요.

1 **What is the poster about?** 이 포스터는 무엇에 대한 것인가요?

➡ About   .

2 **When is Earth Day?** 지구의 날은 언제인가요?

➡ It's   .

3 **What does the poster suggest for the planet?** 포스터는 지구를 위해 무엇을 제안하나요?

➡ How about   ?

➡ How about   ?

➡ How about   ?

환경 보호 포스터 만들기

Go Green Poster

왼쪽 글을 참고하여 '환경 보호 포스터'를 만들려고 합니다. 평소 환경 보호에 대해 가지고 있던 생각을 떠올려 빈칸에 영어 또는 한글로 써 보세요. (이번 챕터에서 공부했던 표현들을 활용하세요!)

포스터 제목

제안하고 싶은 내용

미래 계획 묻기

포스터 스케치

추가 아이디어

위에 정리한 내용을 바탕으로 환경 보호 포스터를 만들어 보세요.

Do you know anything about Plogging?

Plogging이라는 말을 들어보았나요?

1 **What is Plogging?**

플로깅(Plogging)은 'Plocka upp'(스웨덴어로 '줍다')과 'Jogging'(조깅)의 합성어로, 조깅하면서 쓰레기를 줍는 활동이에요!

☆ 스웨덴에서 시작되어 지구 환경을 위한 세계적인 활동으로 확산 중이에요.

2 **Why Plogging?**

☆ **환경을 보호할 수 있어요!**
- 길거리의 쓰레기는 동물과 자연을 해칠 수 있어요.
- 플로깅은 내가 직접 환경을 지키는 방법이에요!

☆ **건강도 챙기면서 환경도 지켜요!**
- 조깅 + 쓰레기 줍기 = 건강과 지구 모두를 위한 운동!

☆ **사회에도 도움이 돼요!**
- 친구들과 함께하면 더 즐겁고, 보람도 느낄 수 있어요.

3 **How about Plogging together?**

☆ **필요한 준비물은 무엇일까요?**
- 운동하기 편한 복장
- 쓰레기를 줍는 장갑
- 쓰레기 봉투나 집게
- 마실 물
- 기본 응급 처치용 키트

☆ **어디에서 플로깅을 하면 좋을까요?**
- 학교 운동장, 공원, 동네 놀이터 등 안전한 곳

☆ **안전 수칙은 꼭 기억해요!**
- 날카로운 물건은 만지지 않기
- 차량이 많은 곳은 피하기
- 친구들과 함께 하기

Yesterday
어제

이 챕터를 공부하면...

- 과거에 한 일 묻고 답하기
- 과거에 한 일에 대한 소감 묻고 답하기
- 누가 한 일인지 묻고 답하기

등을 익혀 '일기'를 쓸 수 있어요!

What did you do last winter?
과거에 한 일 묻고 답하기

공부한 날짜

월   일

Step 1 **Key Words**   다음 단어나 표현을 듣고, 알고 있는 것에 ✔표를 해 보세요. ⏵ Day 16_01.mp3

☐ last   지난
☐ winter   겨울(방학)
☐ summer   여름(방학)
☐ night   밤
☐ yesterday   어제

☐ during vacation   방학 동안
☐ join a science camp   과학 캠프에 참여하다
☐ visit my grandparents   (나의) 조부모님댁에 방문하다
☐ read a lot of comic books 만화책을 많이 읽다
☐ eat delicious food   맛있는 음식을 먹다

Step 2 **Key Expression**

What did you do last winter?
⬇
[무엇 / 했니 / 너는 / 하다 / 지난 / 겨울?]
⬇
지난 겨울(방학)에 무엇을 했나요?

상대방이 과거에 무엇을 했는지 물어
볼 때 What did you do ☐?라고 해요.
☐에는 '지난 여름', '어제' 등과 같이 과
거의 시간을 나타내는 표현을 넣어요.

➡

What did you do last summer?
지난 여름(방학)에 무엇을 했어?

What did you do last weekend? 지난 주말에 뭐 했어요?
What did you do last night? 어젯밤에 뭐 했어?
What did you do yesterday? 어제 뭐 하셨어요?
What did you do during vacation?
방학 동안에 뭐 했니?

 What will you do ~? 또는 **What are you going to do ~?**와 같이 미래에 할 일에 관해 묻는 표현에서 **this summer**, **this weekend**, **this afternoon**과 같이 **this**(이번)를 많이 활용했다면, **What did you do ~?**의 과거에 한 일을 묻는 표현에서는 <u>last summer</u>, <u>last winter</u>, <u>last weekend</u> 등과 같이 **last**(지난)를 많이 썼어요. 위에 제시된 내용 외에도 **last Sunday**(지난 일요일), **last time**(지난번) 등과 같이 다양한 표현을 만들어 활용할 수 있어요.

 TIPS **What did you do last summer?**가 '과거에 한 일을 묻는 표현이라는 것은 **last summer** 외에도 **did**를 보면 알 수 있어요. **did**는 **do**의 과거형이므로 과거를 주제로 이야기한다는 걸 알 수 있는 것이죠. 여기서 **do**나 **did**는 일반동사의 의문문을 위해 쓴 조동사로 이어서 오는 동사는 원형으로 써요.

I joined a science camp.

[나는 / 함께 했어 / 하나의 / 과학 / 캠프.]

나는 과학 캠프에 참여했어요.

과거에 한 일을 말할 때는 과거 시제의 동사를 써서 말해요. 동사의 원형을 변형시켜서 현재가 아닌 '과거'임을 표시하죠.

I **visited** my grandparents. 난 조부모님댁에 다녀왔어.
I **went** to Jeju Island. 난 제주도에 갔었지.
I **rode** a bike. 자전거를 탔어.
I **read** a lot of comic books. 나는 만화책을 엄청 봤어.
I **went** camping and **ate** delicious food.
나는 캠핑 가서 맛있는 음식을 먹었어.

 '과거'의 의미를 담기 위해 동사의 형태를 변형해서 써요. 규칙적으로 변하는 동사의 경우, 원래 동사에 그냥 **-ed**를 붙여 **join** ⇨ **joined**, **visit** ⇨ **visited**와 같이 쓰지만 불규칙적으로 변하는 동사도 많아요. 대표적으로는 **go** ⇨ **went**, **ride** ⇨ **rode** 등이 있지요. 특히 **read**의 경우 동사원형과 과거형의 철자는 같게 쓰고 발음을 다르게 하여 구분한답니다.

 '많은'이라는 뜻으로 흔히 **many**를 알고 있을 거예요. **I read many comic books.**는 문법적으로는 맞는 표현이지만 **many**는 격식을 차린 느낌이어서 살짝 딱딱하게 들릴 수 있어요. 실제 회화에서는 **many** 대신 **a lot of**를 써서 **I read a lot of comic books.**로 말하는 것이 훨씬 자연스러운 표현이에요. **many**는 부정문이나 의문문에서 더 자주 쓴답니다.

대화의 빈칸에 알맞은 표현을 써 보세요. 들으며 답을 확인하고, 따라 말해 보세요.

 Jinho, what did you do   ? 진호야, 지난 겨울에 뭐 했어?

 I   my grandparents. 난 조부모님댁에 방문했었어.

 Wow, that's great.   did you   there? 거기서 뭐 했어?

 I   delicious food. 맛있는 음식을 먹었어.

우리말 뜻을 보고, 빈칸에 알맞은 영어를 <보기>에서 골라 써 보세요. 들으며 답을 확인하고, 따라 말해 보세요.

보기

went　　What did　　yesterday　　last weekend
joined　　read　　visited　　ate

	우리말 뜻	영어 표현
1	당신은 지난 겨울에 무엇을 했나요?	_____ _____ you do last winter?
2	저는 만화책을 많이 읽었어요.	I _____ a lot of comic books.
3	넌 지난 주말에 뭐 했니?	What did you do _____ _____?
4	난 과학 캠프에 참여했어.	I _____ a science camp.
5	어제 뭐 했어요?	What did you do _____?
6	저는 조부모님댁에 방문했었어요.	I _____ my grandparents.
7	난 캠핑 가서 맛있는 음식을 먹었어.	I _____ camping and _____ delicious food.

슬쩍 읽고 넘어가는
GRAMMAR **동사의 과거형**

과거의 일을 말할 때 우리는 '~한다'가 아닌 '~했다'라고 약간 변형해서 말해요. 영어에서도 마찬가지로 지난 일을 말할 때 일반적으로 모양을 약간 변화시켜 말해요.

[규칙 동사] 동사원형 + ed

기본 규칙	동사원형 + ed	join ⇨ joined, visit ⇨ visited
e로 끝나는 동사	동사원형 + d	love ⇨ loved, dance ⇨ danced
'자음 + y'로 끝나는 동사	y를 i로 고치고 + ed	study ⇨ studied, cry ⇨ cried
'모음 + y'로 끝나는 동사	동사원형 + ed	play ⇨ played, enjoy ⇨ enjoyed
모음이 하나뿐인 동사가 '모음 + 자음'으로 끝날 때	자음 한 번 더 쓰고 + ed	stop ⇨ stopped, plan ⇨ planned

[불규칙 동사]
불규칙 동사는 원형 그대로 쓰거나 일부만 변형되기도 하고, 완전히 새로운 형태를 쓰는 등 -ed를 붙이는 원칙을 따르지 않아서 외워야 해요. 불규칙 동사 리스트를 꾸준히 암기하며 익히면 도움이 될 거예요. 책 뒤에 [부록]에 실어놓았으니 참고하세요.

원형과 과거형이 같은 동사	put, set, read
원형과 과거형이 완전히 다른 동사	have ⇨ had, go ⇨ went, make ⇨ made, eat ⇨ ate be동사(am, is, are) ⇨ was, were

앞에서 공부한 표현을 여러 번 써 보고, 듣고 따라 말해 보세요.

1　What did you do last winter?

2　What did you do yesterday?

3　What did you do during vacation?

4　I joined a science camp.

5　I read a lot of comic books.

6　I went camping and ate delicious food.

Step 7　**Write About You**

다음 질문에 대한 실제 '나'의 대답을 써 보세요.

Q　What did you do yesterday?

DAY 17

How was your vacation?
과거에 한 일에 대한 소감 묻고 답하기

공부한 날짜
월   일

다음 단어나 표현을 듣고, 알고 있는 것에 ✔표를 해 보세요.  Day 17_01.mp3

☐ how	어떻게, 어떤	
☐ vacation	방학	
☐ trip	여행	
☐ holiday	후가, 휴일	
☐ fun	재미있는	

☐ exciting	신나는, 흥미진진한, 짜릿한
☐ so-so	그저 그런, 평범한
☐ boring	재미없는, 지루한
☐ terrible	끔찍한, 심한

Step 2 | Key Expression

How was your vacation?
⬇
[어떤 / 였나요 / 당신의 / 방학?]
⬇
방학은 어땠어요?

과거에 한 일에 대해 '~는 어땠어요?'와 같이 소감을 묻고 싶을 때 How was ☐?라고 해요. ☐에는 궁금한 과거의 시점이나 일을 넣어요.

How was your weekend? 주말은 어땠어?
How was your trip? 여행은 어땠니?
How was your holiday? 방학(휴일)은 어땠습니까?
How was your day? 오늘 하루 어땠어?
How was it? 그건 어땠어?

 How was your day?는 하루를 마무리하면서 가족과 나눌 수 있는 대화예요. 그날 하루를 어떻게 보냈는지 물어볼 때 활용하죠. **How was it?**은 앞에서 나누던 대화와 관련지어 물어볼 때 써요. 예를 들어, 방학 이야기를 나누던 중에 **How was it?**이라고 했다면 '너의 방학은 어땠어?'라는 의미로 쓰일 수 있죠.

 TIPS **How was your ~?**와 비슷한 표현으로 **Did you have ~?**을 많이 써요.

질문	대답
Did you have a good time? 좋은 시간 보냈니? **Did you have** a good trip? 좋은 여행이었어? **Did you have** fun? 재미있었나요?	Yes, I did. No, I didn't.

어렵지 않은 표현이니 알아두면 과거 경험에 대한 소감을 다양하게 묻고 답할 수 있겠지요.

It was great.

⬇

[그것은 / 였다 / 아주 좋은.]

⬇

아주 좋았어요.

과거의 경험에 대해서 자기 생각이나 느낌을 말할 때 It was □.라고 해요. □에는 생각이나 느낌을 나타내는 단어를 넣어요. 마침표 대신 느낌표를 넣어 더 강조하기도 해요.

➡

It was fun. 재미있었어.
It was exciting! 신났어(짜릿했어)!
It was so-so. 그냥 그랬어요.
It was boring. 지루했습니다(심심했습니다).
It was terrible. 정말 별로였어(끔찍했어).

 위와 같이 소감을 말한 후, **because**(왜냐하면)를 활용해서 그렇게 느낀 이유를 간단히 덧붙일 수 있어요.

It was great because I went to the beach. 아주 좋았어, 왜냐하면 바닷가에 갔거든.
It was fun because I played soccer with my friends. 재미있었어, 왜냐하면 친구들과 축구했거든.
It was exciting because I watched a movie. 신났었어, 왜냐하면 영화를 봤거든.
It was boring because I stayed home all day. 지루했어, 왜냐하면 하루 종일 집에 있었거든.

▶ Day **17_02**.mp3

대화의 빈칸에 알맞은 표현을 써 보세요. 들으며 답을 확인하고, 따라 말해 보세요.

 How was your _____, Anna? Anna야, 방학은 어땠어?

 It was _____! 아주 좋았어!

 _____ did you do last summer? 지난 여름에 뭘 했는데?

 I _____ to Jeju Island and _____ a bike with my brother.

제주도에 가서 남동생이랑 자전거 탔어.

 Wow! That sounds fun!

우리말 뜻을 보고, 빈칸에 알맞은 영어를 <보기>에서 골라 써 보세요. 들으며 답을 확인하고, 따라 말해 보세요.

보기

fun　　How　　so-so　　great　　was　　your trip　　boring

우리말 뜻	영어 표현
1　방학은 어땠어요?	_____ was your vacation?
2　아주 좋았어요.	It was _____.
3　주말은 어땠어?	How _____ your weekend?
4　재미있었습니다.	It was _____.
5　여행은 어땠니?	How was _____ _____?
6　그냥 그랬어요.	It was _____.
7　지루했어요.	It was _____.

슬쩍 읽고 넘어가는 GRAMMAR **be동사의 과거형**

be동사는 am, are, is 3종 세트라는 걸 알고 있지요? 각각의 짝꿍도 따로 있다는 것도 공부했어요. 가볍게 복습을 해보면 am은 I, are는 you 또는 여러 명(개), is는 '나'와 '너'를 제외한 한 명(개)일 경우에 쓴다고 했어요. 이러한 '~이다', '있다'를 의미하는 be동사의 과거형은 '~이었다', '있었다'로 해석이 되겠지요.

현재	과거
I am a student. 나는 학생이다.	I was a student. 나는 학생이었다.
You are happy. 당신은 행복합니다.	You were happy. 당신은 행복했습니다.
They are on the table. 그것들은 테이블 위에 있다.	They were on the table. 그것들은 테이블 위에 있었다.
It is raing. 비가 오고 있다.	It was raining. 비가 오고 있었다.
She is in the living room. 그녀는 거실에 있다.	She was in the living room. 그녀는 거실에 있었다.

간단하게 am, is의 과거형은 was이고, are의 과거형은 were라는 점 기억하세요.

앞에서 공부한 표현을 여러 번 써 보고, 듣고 따라 말해 보세요.

1   How was your vacation?

2   How was your weekend?

3   How was your trip?

4   It was great.

5   It was exciting.

6   It was boring.

Step 7   Write About You

다음 질문에 대한 실제 '나'의 대답을 써 보세요.

Q   How was your weekend?

Who invented Hangeul?
누가 한 일인지 묻고 답하기

공부한 날짜

월   일

Step 1 Key Words 다음 단어나 표현을 듣고, 알고 있는 것에 ✔표를 해 보세요. 🔊 Day 18_01.mp3

☐	invent (invented)	발명하다 (발명했다)	☐	eat (ate)	먹다 (먹었다)
☐	draw (drew)	그리다 (그렸다)	☐	plane	비행기
☐	make (made)	만들다 (만들었다)	☐	story	이야기
☐	write (wrote)	(글을) 쓰다 (썼다)	☐	TV	텔레비전
☐	watch (watched)	보다 (봤다)	☐	snack	과자, 간식

* 괄호( ) 안은 과거형

Step 2 Key Expression

Who invented Hangeul?

⬇

[누가 / 발명했니 / 한글?]

⬇

누가 한글을 발명했나요?

Who는 사람에 대해 물어볼 때 쓰는 의문사예요. 만약 누가 했는지 묻고 싶다면, [Who + 동사의 과거형 ~?] 형식을 이용해 간단히 문장을 만들 수 있어요.

➡

Who drew *Sunflowers*? <해바라기>는 누가 그렸지?
Who made this plane? 이 비행기는 누가 만들었나요?
Who wrote this story? 이 이야기는 누가 쓴 거죠?
Who watched TV? TV를 누가 본 거야?
Who ate this snack? 이 간식은 누가 먹었지?

 Who는 '누구'라는 뜻으로, **Who**를 써서 행위의 주체가 누구인지 물어볼 때의 의문문은 평서문과 어순(단어의 순서)이 같아요. [주어 + 동사]의 순서 그대로 의문문을 만들죠. **Who invented Hangeul?** 이렇게요. 즉, **do·does·did**와 같이 의문문임을 알려주는 장치 없이 바로 동사를 쓸 수 있어요. 답변의 구조도 같아서 대답하기도 쉽지요.

    Who invented Hangeul? 누가 한글을 발명했나요?

    King Sejong invented Hangeul. 세종대왕이 한글을 발명했어요.

 TIPS 기울임체에 대해 알아볼게요. **Who drew** *Sunflowers*?에서 **Sunflowers**를 기울임체로 적었지요. 이것은 책이나 영화, 미술 작품, 음악 작품 등 창작물의 제목을 기울임체로 표기하여 **Sunflowers**가 단순한 식물 해바라기가 아닌 작품 <해바라기>라는 것을 나타내는 국제적 출판 규칙이에요.

King Sejong invented Hangeul.

↓

[왕 / 세종 / 발명했다 / 한글.]

↓

세종대왕이 한글을 발명했어요.

'누가(사람) 무엇을(물건/행동의 대상) 했는지(동작)' 말할 때, 영어에서는 항상 [누가 + ~을 했다 + 무엇]의 순서로 말해요.

→

Van Gogh drew *Sunflowers*.
Van Gogh가 <해바라기>를 그렸어.

Jason made this plane.
Jason이 이 비행기를 만들었습니다.

I wrote this story. 제가 이 이야기를 썼어요.

Tom watched TV. Tom이 TV를 봤어.

Jay ate that snack. Jay가 그 간식을 먹었어요.

 누가 무엇을 했는지 말할 때는 **Jason made this plane.**, **I wrote this story.** 등과 같이 위에서 제시한 [누가 + ~을 했다 + 무엇]의 형식에 맞추면 돼요. 하지만 Step 2의 질문과 연결하여 대답할 때는 조금 더 간단하게 대답할 수 있어요.

A: **Who invented Hangeul?** 누가 한글을 발명했나요?
B: **King Sejong did.** 세종대왕이 했어요.

어느 부분이 달라졌나요? **invented Hangeul**이 **did**로 간단하게 정리되었지요. 이렇게 간단하게 말하는 이유는 질문에서 이미 **invented Hangeul**이 언급된 내용이기 때문에 반복하지 않도록 하기 위함이에요. 한 문장 더 연습해 볼까요?

Who drew *Sunflowers*? 어떻게 대답할까요? **Van Gogh did.**라고 하면 됩니다.

대화의 빈칸에 알맞은 표현을 써 보세요. 들으며 답을 확인하고, 따라 말해 보세요.

 This is a quiz! _____ invented Hangeul? 한글은 누가 발명했지?

 Me! King Sejong _____ Hangeul! 세종대왕이 한글을 발명했어!

 Right! Now look at this picture!

Who _____ this picture? 이 그림은 누가 그렸지?

 Van Gogh _____ . Van Gogh가 그렸어.

 You're right!

우리말 뜻을 보고, 빈칸에 알맞은 영어를 <보기>에서 골라 써 보세요. 들으며 답을 확인하고, 따라 말해 보세요.

보기

wrote   Who   did   invented   drew   this plane   made

	우리말 뜻	영어 표현
1	누가 한글을 발명했니?	_____ invented Hangeul?
2	세종대왕이 한글을 발명했어.	King Sejong _____ Hangeul.
3	<해바라기>는 누가 그렸지?	Who _____ *Sunflowers*?
4	Van Gogh가 했어.	Van Gogh _____.
5	이 비행기는 누가 만들었나요?	Who _____ this plane?
6	Jason이 이 비행기를 만들었습니다.	Jason made _____ _____.
7	제가 이 이야기를 썼어요.	I _____ this story.

 **GRAMMAR** 일반동사의 의문문

일반동사로 의문문을 만들 때 시제(현재, 과거 등)에 따라, 또 의문사의 유무에 따라 다음과 같이 만들 수 있어요. 소리 내 읽어보며 일반 동사 의문문을 만들 때의 규칙을 익혀보세요.

	질문의 예	대답의 예
일반동사의 현재 의문문 (~을 하니?)	Do you watch TV? 너는 TV를 보니? Does she watch TV? 그녀는 TV를 보나요? ⇨ 주어가 3인칭 단수일 때 Does를 써요.	Yes, I do. Yes, she does.
일반동사의 과거 의문문 (~을 했니?)	Did you watch TV? 너는 TV를 봤니? Did she watch TV? 그녀는 TV를 봤나요? ⇨ 주어와 상관없이 Did로 시작해요.	Yes, I did. Yes, she did.
의문사 What을 활용한 과거 의문문 (무엇을 했니?)	What did you do yesterday? 너는 어제 무엇을 했니? What did Minsu do yesterday? 민수는 어제 무엇을 했나요?	I watched TV. He watched TV.
의문사 Who를 활용한 과거 의문문 (누가 ~을 했니?)	Who watched TV? 누가 TV를 봤니? Who watched TV last night? 누가 어젯밤에 TV를 봤니?	I did. Minsu did.

의문문 문장의 앞에 쓴 **Do**, **Does**, **Did** 등은 모두 의문문을 만드는 것을 도와주는 조동사예요. 그 뒤에 따라오는 동사는 원형이 오지요.

앞에서 공부한 표현을 여러 번 써 보고, 듣고 따라 말해 보세요.

1　Who invented Hangeul?

2　Who drew *Sunflowers*?

3　Who ate this snack?

4　King Sejong invented Hangeul.

5　Van Gogh drew *Sunflowers*.

6　Jay ate that snack.

Step 7　Write About You

내가 좋아하는 책을 떠올려 작가가 누구인지 질문을 만들어 보고, 실제 '나'의 답을 써 보세요.

Q　Who wrote _____?

A Perfect Day

일기

A Let's Read 어떤 내용인지 생각하며 다음 일기를 소리 내어 읽어 보세요.

Sunny, Saturday, April 28th, 2025

A Perfect Day

I love the weekend.
I stayed home and read a lot of comic books today.
My mom didn't like it.
She said, "Jimin, go out and exercise, please."
I went to the park and walked my dog.
Wow! I saw a beautiful picture on the wall.
"Who drew that picture?"

Reading comic books was fun, walking my dog was great,
and the picture was amazing.
It was a perfect day!

TIPS
perfect 완벽한
said say(말하다)의 과거형
exercise 운동하다
saw see(보다)의 과거형

B Check Check 위의 글을 다시 읽고, 아래 물음에 답해 보세요.

1 What is the title of the diary? 일기의 제목은 무엇인가요?

➡

2 What did Jimin do at home? 지민이는 집에서 무엇을 했나요?

➡ He _____ a lot of _____ .

3 What did Jimin see on the wall? 지민이는 벽에서 무엇을 보았나요?

➡ He saw _____ .

일기 쓰기

Ready to Write

왼쪽 글을 참고하여 '일기'를 쓰려고 합니다. 기억에 남는 경험을 떠올려 빈칸에 영어 또는 한글로 써 보세요.

(이번 챕터에서 공부했던 표현들을 활용하세요!)

날짜, 날씨

제목

누군가 한 일

있었던 일

그 일에 대한 소감

Write Your Story

위에 정리한 내용을 바탕으로 일기를 써 보세요.

Interesting Expressions!

과거형 동사가 들어간 재미있는 표현을 알아봐요!

Time flew!

⬇

[시간이 / 날아갔다!]

⬇

시간이 훌쩍 지나갔어.

재미있는 활동을 해서 시간이 어떻게 갔는지 모를 정도로 빠르게
지나갔다고 느껴질 때 쓰는 표현이에요.

* **flew** fly(날다)의 과거형

It hit me!

⬇

[그것이 / 때렸어 / 나를!]

⬇

갑자기 생각났어!

생각이 안 나던 것이 갑자기 떠올랐을 때 쓰는 표현이에요.

* **hit** hit(때리다)의 과거형

It blew me away.

⬇

[그것이 / 후 불다 / 나를 / 멀리.]

⬇

그게 날 후 불어서 날려 버렸어.

⬇

나 완전 감동받았어.

The movie blew me away! 하면 '영화가 정말 감동이었다(너무
좋았다)!'는 이야기예요.

* **blew** blow(불다)의 과거형

106

Condition
건강 상태

이 챕터를 공부하면...

- 아픈 곳 묻고 답하기
- 조언하기
- 빈도 묻고 답하기

등을 익혀 'AI 의사와 나누는 대화'를 쓸 수 있어요!

DAY 19

What's wrong?
아픈 곳 묻고 답하기

Step 1   Key Words   다음 단어나 표현을 듣고, 알고 있는 것에 ✔표를 해 보세요. 🎧 Day 19_01.mp3

- [ ] wrong   잘못된, 문제 있는
- [ ] with   ~와 함께
- [ ] headache   두통
- [ ] toothache   치통

- [ ] stomachache   복통
- [ ] runny nose   콧물
- [ ] fever   열
- [ ] cold   감기, 추운

Step 2   Key Expression

What's wrong?
⬇
[무엇이 ~입니까 / 문제 있는?]
⬇
무엇이 문제입니까?

몸이 아플 때 병원에 가죠. 의사 선생님이 보통 "어디가 아프세요?"라고 물으시는데, 영어로는 What's wrong?이라고 해요. with you를 붙여서 What's wrong with you?라고 해도 자연스러워요. 물론 친구들 사이에서도 컨디션이 안 좋아 보이는 친구에게 물어볼 수 있는 표현이에요.

 What's wrong? 또는 What's wrong with you?라는 표현을 쓸 때는 친절한 어투로 쓰는 게 좋아요. 말투가 공격적이면 "너 대체 왜 그래?"와 같이 기분 나쁘게 들릴 수 있는 말이에요.

TIPS 병원에서 실제 의사 선생님들이 자주 쓰는 다른 표현들도 살펴볼게요.

① **How can I help you today?** 오늘 어떻게 도와드릴까요?
일반적이고 친절한 표현으로, 병원뿐만 아니라 약국이나 상담실 등에서도 쓰여요.

② **How are you feeling?** (몸 상태) 어떠세요?
상태를 가볍게 물을 때 사용해요.

③ **Are you feeling okay?** (몸 상태) 괜찮으세요?
상태를 가볍게 물을 때 사용하고, 어린이 환자에게도 자주 쓰는 표현이에요.

④ **What brings you in today?** 오늘 어떤 일로 오셨어요?
자연스러운 회화체로 실제 진료실에서 많이 사용되는 표현이에요.

I have a headache.

[나는 / 가지고 있다 / 하나의 / 두통.]

저는 머리가 아파요.

아픈 증상을 말할 때 I have a/an □.라고 해요.
□ 자리에 아픈 증상을 넣어 말해요.

I have a **toothache.** 저는 이가 아파요.
I have a **stomachache.** 저는 배가 아파요.
I have a **runny nose.** 저는 콧물이 나요.
I have a **fever.** 저는 열이 나요.
I have a **cold.** 저는 감기에 걸렸어요.

 통증 앞에 왜 **a**를 썼을까요? **a**나 **an**은 셀 수 있는 명사 앞에 쓰지요. 영어에서는 두통, 치통, 복통 등의 통증도 '가지고 있는 하나(한 개)의 증상'으로 봐요. 그래서 **a**를 붙이는 것이 문법에 맞는 올바른 표현이에요.

TIPS 통증을 나타내는 단어 중 일부에 **ache**가 규칙적으로 들어가 있는 걸 발견했나요? **ache**는 '통증'이라는 뜻으로, 신체 부위 뒤에 붙여서 해당 부위의 아픔을 나타내는 단어로 변신시켜 줘요.

head + ache ⇨ headache 머리 + 통증 ⇨ 두통	back + ache ⇨ backache 허리 + 통증 ⇨ 요통(허리 통증)
tooth + ache ⇨ toothache 치아 + 통증 ⇨ 치통	ear + ache ⇨ earache 귀 + 통증 ⇨ 귀 통증
stomach + ache ⇨ stomachache 배 + 통증 ⇨ 복통	muscle + ache ⇨ muscle ache 근육 + 통증 ⇨ 근육통

Step 4 **Write & Say**  Day **19_02**.mp3

대화의 빈칸에 알맞은 표현을 써 보세요. 들으며 답을 확인하고, 따라 말해 보세요.

 What's   ? 어디 아프니?

 I have a   , Mom. 저 열 나요, 엄마.

 Do you have a   , too? 머리도 아프니?

 Yes, I do.

 Oh, let's go see a doctor.

우리말 뜻을 보고, 빈칸에 알맞은 영어를 <보기>에서 골라 써 보세요. 들으며 답을 확인하고, 따라 말해 보세요.

보기

a stomachache   a fever   have   What's
a cold   a runny nose   a toothache

	우리말 뜻	영어 표현
1	무엇이 문제니?	_____ wrong?
2	저는 두통이 있어요.	I _____ a headache.
3	난 열이 나.	I have _____ _____.
4	나 감기 걸렸어.	I have _____ _____.
5	난 콧물 나는데.	I have _____ _____ _____.
6	저 배 아파요.	I have _____ _____.
7	나 이 아파.	I have _____ _____.

슬쩍 읽고 넘어가는 GRAMMAR have의 변신

have는 대표적인 불규칙 동사예요. 동사를 공부하면서 동사원형, 현재 시제의 3인칭 단수형, 과거형 등에 대해 들었던 기억이 있을 거예요. 다시 한번 가볍게 살펴보면서 **have**가 어떻게 변하는지 익혀 봐요.

시제	주어	have	평서문	의문문
현재 시제	주어가 1인칭(I), 2인칭(you), 여러 명(they 등)일 때 동사원형	have	I have a headache. 나는 두통이 있다. You have a fever. 당신은 열이 난다. They have a car. 그들은 차를 가지고 있다.	Do you have a headache? 너는 두통이 있니? Do they have a car? 그들은 차를 가지고 있니?
	she, he, Minsu 등 3인칭 단수형	has	She has a pencil. 그녀는 연필이 있다. He has a fever. 그는 열이 난다. Minsu has a car. 민수는 자동차를 가지고 있다.	Does she have a pencil? 그녀는 연필이 있니? Does he have a fever? 그는 열이 나니?
과거 시제	주어 상관 없음	had	I had a headache yesterday. 나는 어제 두통이 있었다. Minsu had a fever last week. 민수는 지난 주에 열이 났었다.	Did you have a headache? 너는 두통이 있었니? Did Minsu have a fever? 민수는 열이 났었니?

앞에서 공부한 표현을 여러 번 써 보고, 듣고 따라 말해 보세요.

1   What's wrong?

   What's wrong with you?

2   I have a headache.

3   I have a toothache.

4   I have a stomachache.

5   I have a runny nose.

6   I have a fever.

   I have a cold.

Step 7   Write About You

최근에 아팠던 경험을 떠올려 다음 질문에 대한 실제 '나'의 대답을 써 보세요.

Q   What's wrong?

DAY 20

You should drink warm water.
조언하기

공부한 날짜

월   일

Step 1 **Key Words**   다음 단어나 표현을 듣고, 알고 있는 것에 ✔표를 해 보세요.   ● Day 20_01.mp3

☐ should — ~해야 하다, ~하는 게 좋다

☐ drink warm water — 따뜻한 물을 마시다

☐ take your medicine — (너의) 약을 먹다

☐ get some rest — 휴식을 취하다

☐ go to bed early — 일찍 자다

☐ go see a doctor — 병원에 가보다

☐ go to the nurse's office — 보건실에 가다

☐ don't forget to — ~하는 것을 잊지 않다

Step 2 **Key Expression**

You should drink warm water.

↓

[당신은 / ~하는 게 좋다 / 마시다 / 따뜻한 / 물.]

↓

따뜻한 물을 마시는 게 좋겠어요.

'~하는 게 좋겠어요'와 같이 부드럽게 추천하는 느낌으로 조언할 때 You should □.라고 표현해요. □에는 조언하는 내용이 들어가죠. 친절하게 말할 때 자주 사용돼요.

➡

You should take your medicine. 약을 먹어야 해요.
You should get some rest. 휴식을 취하는 게 좋겠어요.
You should go to bed early. 일찍 잠자리에 들도록 해요.
You should go see a doctor. 병원에 가보시는 게 좋겠어요.
You should go to the nurse's office.
보건실에 가보는 게 좋겠어.

TIPS 조언이나 제안할 때 쓰는 **Why don't you ~?** 구문이 있어요. **You should**보다 조금 더 상냥하고 친절하게 조언하는 말이지요. **You should** 자리에 **Why don't you**를 넣으면 '~하는 거 어때요?'라는 의미의 문장이 완성돼요.

Why don't you drink warm water? 따뜻한 물 마셔보는 거 어때요?
Why don't you take your medicine? 약 먹는 게 좋지 않을까?
Why don't you get some rest? 휴식을 취하는 거 어때요?
Why don't you go to bed early? 일찍 자는 게 어떨까?
Why don't you go see a doctor? 병원에 좀 가보는 게 어때?
Why don't you go to the nurse's office? 보건실에 가보는 게 어떻겠니?

112

Don't forget to take your medicine!

[하지 마 / 잊다 / ~하는 것을 / (약을) 먹다 / 너의 / 약!]

약 먹는 것 잊지 마세요!

조금 더 강조하는 느낌의 조언을 하고 싶을 때 Don't forget to □. 라고 말해요. □에 조언하는 내용이 들어가고 '~하는 것을 잊지 마'라는 뜻이에요. 마침표 대신 느낌표를 쓰면 더 강조할 수 있어요.

Don't forget to **get some rest.** 휴식 취하는 거 잊지 마.
Don't forget to **go to bed early.** 일찍 자는 거 잊지 마세요.
Don't forget to **go see a doctor.** 병원 가보는 거 잊지 말아요.
Don't forget to **go to the nurse's office.** 보건실에 가는 거 잊으면 안 돼.
Don't forget to **drink warm water!** 따뜻한 물 마시는 것 잊지 말고!

TIPS **You should ~.**와 **Don't forget to ~.** 모두 조언을 하는 표현이지단 느낌은 조금 달라요. **You should ~.**는 '내가 생각하기에 그게 너한테 도움이 될 거야.'라는 의미로 상대에게 어떤 행동을 추천하는 말이 에요. 반면, **Don't forget to ~!**는 '~하는 것 잊지 마!'라는 뜻으로, 상대방이 이미 알고 있는 사실이나 할 일을 잊지 말고 꼭 기억해서 하라는 의미가 담겨 있어요. 이런 차이를 알고 있으면, 상황에 따라 더 적절한 표현을 고를 수 있겠지요.

   Day **20_02**.mp3

대화의 빈칸에 알맞은 표현을 써 보세요. 들으며 답을 확인하고, 따라 말해 보세요.

 　　　　　　　　　go to bed early today. 오늘 일찍 주무시는 게 좋겠습니다.

 Okay, thank you.

(집에 와서)

 Elly, did you 　　　　　**your medicine?** Elly, 약 먹었니?

 Yes, I did.

 　　　　　　　　　go to bed early. 일찍 자는 거 잊지 마.

우리말 뜻을 보고, 빈칸에 알맞은 영어를 <보기>에서 골라 써 보세요. 들으며 답을 확인하고, 따라 말해 보세요.

보기

go to bed   should   see a doctor   rest
warm water   Don't forget   nurse's office

	우리말 뜻	영어 표현
1	약을 먹어야 해요.	You _____ take your medicine.
2	휴식을 취하는 게 좋겠어요.	You should get some _____.
3	일찍 잠자리에 들도록 해요.	You should _____ _____ _____ early.
4	병원에 가보시는 게 좋겠어요.	You should go _____ _____ _____.
5	약 먹는 것 잊지 마.	_____ _____ to take your medicine.
6	보건실에 가는 거 잊으면 안 돼.	Don't forget to go to the _____ _____.
7	따뜻한 물 마시는 것 잊지 말고!	Don't forget to drink _____ _____!

듬찍 읽고 넘어가는 GRAMMAR 조동사 should

조동사 **should**는 '~해야 한다' 또는 '~하는 게 좋겠다' 이렇게 두 가지 뜻으로 해석돼요. '~해야 한다'는 의무를 표현하는 것이지만 강도가 약한 편이고, '~하는 게 좋겠다'는 조언이나 충고로 역시 부드러운 느낌이라고 생각하면 좋아요. '~해야 한다'는 뜻으로 많이 쓰이는 표현 중 **must**와 **have to**가 있는데요, 이 표현들은 강한 강도의 충고나 의무를 뜻한다는 점에서 **should**와는 다른 느낌이죠.

should	~해야 한다 ~하는 게 좋겠다 (부드럽고 약한 느낌)	You should get some rest. 휴식을 취하는 게 좋겠어.
have to	~해야 한다 (다소 강한 느낌)	You have to get some rest. 휴식을 취해야 해.
must	~해야 한다 (강한 느낌)	You must get some rest. (꼭, 반드시) 휴식을 취해야 해.

표현에 따라 강도의 차이가 있다는 점을 기억하며 상황에 따라 적절한 표현을 골라 쓰면 원어민과의 소통에서 더욱 자연스럽겠죠.

앞에서 공부한 표현을 여러 번 써 보고, 듣고 따라 말해 보세요.

1   You should drink warm water.

2   You should take your medicine.

3   You should get some rest.

4   Don't forget to go to bed early.

5   Don't forget to go see a doctor.

6   Don't forget to go to the nurse's office.

Step 7   Write About You

지금 '나'의 상황에서 '내가 나에게 해주고 싶은 조언'을 떠올려 보고, 오늘 공부한 두 가지 문형으로 써 보세요.

You should

Don't forget to

How often do you exercise?
빈도 묻고 답하기

공부한 날짜

월   일

다음 단어나 표현을 듣고, 알고 있는 것에 ✔표를 해 보세요. 🎧 Day 21_01.mp3

☐	how often	얼마나 자주
☐	exercise	운동하다
☐	brush your teeth	(너의) 이를 닦다
☐	wash your hands	(너의) 손을 씻다
☐	clean your room	(너의) 방을 청소하다
☐	play mobile games	모바일 게임을 하다

☐	once	한 번
☐	twice	두 번
☐	times	~ 번
☐	week	주, 평일
☐	month	달, 월

How often do you exercise?

[얼마나 / 자주 / – / 너는 / 운동하니?]

얼마나 자주 운동을 하나요?

어떤 행동을 얼마나 자주 하는지 빈도수를 물어볼 때 How often을 써서 말해요. How often do you □?에서 □ 자리에는 행동을 나타내는 표현을 넣어요.

➡

How often do you brush your teeth?
당신은 얼마나 자주 양치를 하십니까?

How often do you wash your hands?
당신은 얼마나 자주 손을 씻으세요?

How often do you have breakfast?
얼마나 자주 아침을 드시나요?

How often do you clean your room?
너는 얼마나 자주 방 청소를 하니?

How often do you play mobile games?
너는 얼마나 자주 모바일 게임을 해?

 빈도수를 묻는 표현으로 **How many times do you ~?**라는 표현도 있어요. 예를 들어, **How many times do you exercise a week?**(너는 일주일에 몇 번 운동하니?)라고 하면 구체적인 횟수를 중심으로 질문하는 거예요. 또 다른 표현으로 **Do you often ~?**이 있어요. **Do you often exercise?**(너는 운동을 자주 하니?)라고 질문하면 운동을 하는 빈도수를 꼭 말하지 않아도 되기 때문에 조금 덜 구체적인 대신 상대방은 대답에 대한 부담을 덜 수 있어 부드럽다고 느낄 수 있죠.

 **Step 3** **Learn More**

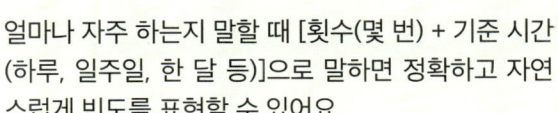

Three times a week.

⬇

[셋 / ~ 번 / 하나의 / 주.]

⬇

일주일에 세 번이요.

얼마나 자주 하는지 말할 때 [횟수(몇 번) + 기준 시간
(하루, 일주일, 한 달 등)]으로 말하면 정확하고 자연
스럽게 빈도를 표현할 수 있어요. ➡

Twice a day. 하루에 두 번.
Five times a day. 하루에 다섯 번.
Four times a week. 일주일에 네 번.
Once a week. 일주일에 한 번.
Once a month. 한 달에 한 번.

 빈도수를 나타낼 때 '한 번'은 **once**, '두 번'은 **twice**, '세 번'부터는 [숫자 + **times**]를 써요.

TIPS **Three times a week.**라는 대답 앞에는 숨은 문장이 있어요.

A: **How often do you exercise?** 얼마나 자주 운동하니?
B: **I exercise three times a week.** 나는 일주일에 세 번 운동해.

여기서 **I exercise**는 생략될 수 있어요. 왜냐하면 질문에서 이미 **exercise**라는 말이 나왔기 때문에, 대답에서는 중복되는 부분을 생
략해도 의미 전달에 전혀 문제가 없기 때문이에요. 또, 질문의 핵심은 **How often**, 즉 빈도(얼마나 자주)이기 때문에 **Three times a
week.**처럼 중요한 정보만 말해도 충분한 답이 되는 것이지요.

Step 4 **Write & Say** 🔘 Day **21_02**.mp3

대화의 빈칸에 알맞은 표현을 써 보세요. 들으며 답을 확인하고, 따라 말해 보세요.

 ＿＿＿＿＿＿＿＿＿＿ do you exercise, Jinho? 진호야, 너는 얼마나 자주 운동해?

 Three times ＿＿＿＿＿＿＿＿＿＿. 일주일에 세 번 해.

 Okay. How often do you ＿＿＿＿＿＿ your teeth? 양치는 얼마나 자주 해?

 Umm.... ＿＿＿＿＿＿ a week. 일주일에 두 번.

 Twice a week? Why don't you brush your teeth twice ＿＿＿＿＿＿

＿＿＿＿? 하루에 두 번 양치해 보는 건 어때?

 I'll try.

우리말 뜻을 보고, 빈칸에 알맞은 영어를 <보기>에서 골라 써 보세요. 들으며 답을 확인하고, 따라 말해 보세요.

보기

a week How often a day breakfast clean a month Once

	우리말 뜻	영어 표현
1	넌 얼마나 자주 운동을 하니?	_____ _____ do you exercise?
2	일주일에 세 번.	Three times _____ _____.
3	넌 얼마나 자주 아침을 먹니?	How often do you have _____?
4	한 달에 한 번.	Once _____ _____.
5	넌 얼마나 자주 방을 청소하니?	How often do you _____ your room?
6	일주일에 한 번.	_____ a week.
7	하루에 두 번.	Twice _____ _____.

GRAMMAR 슬쩍 읽고 넘어가는 **빈도 부사**

얼마나 자주 일어나는 일인지를 나타내는 말을 '빈도 부사'라고 해요. 구체적인 횟수로 표현할 수도 있지만 일상 회화에서는 '항상, 보통, 자주, 가끔' 등 대략적인 빈도를 나타내는 말로 많이 써요.

항상 매일 하는 일 (100%)	보통, 일반적으로 특별한 일 없으면 평소에 늘 하는 일 (80~90%)	자주 빈번히 하는 일 (약 70%)	가끔 어쩌다 하는 일 (약 40%)	전혀 ~않는 전혀 안 하는 일 (0%)
always	usually	often	sometimes	never

빈도 부사를 활용해서 오늘 공부한 생활 습관을 표현해 볼게요.

I **always** have breakfast. 나는 항상 아침밥을 먹어.

I **often** wash my hands. 나는 자주 손을 씻어.

I **sometimes** clean my room. 나는 가끔 방 청소를 해.

I **never** play mobile games. 나는 모바일 게임은 전혀 안 해.

118

앞에서 공부한 표현을 여러 번 써 보고, 듣고 따라 말해 보세요.

1   How often do you exercise?

2   How often do you brush your teeth?

3   How often do you wash your hands?

4   How often do you have breakfast?

5   Once a month.

     Once a week.

6   Twice a day.

     Three times a week.

Step 7   Write About You

다음 질문에 대한 실제 '나'의 대답을 써 보세요.

Q   How often do you brush your teeth?

With AI Doctor

대화문

A **Let's Read** 어떤 내용인지 생각하며 다음 대화문을 소리 내어 읽어 보세요.

의사: Your name is Mike, right?

환자: Yes, that's right.

의사: What's wrong?

환자: I have a cold. I have a fever and a runny nose.

의사: You should take your medicine and get some rest.

환자: Okay.

의사: You should go to bed early, too.

환자: I see.

의사: How often do you exercise?

환자: Umm... twice a month?

의사: Oh, no. Don't forget to exercise five times a week.

환자: Okay.

의사: See you next time, Mike.

B **Check Check** 위의 글을 다시 읽고, 아래 물음에 답해 보세요.

1 What's wrong with Mike? Mike는 어디가 아픈가요?

➡ He has _____ . He has _____ and
_____ .

2 What did the doctor suggest? 의사 선생님은 무엇을 제안했나요?

➡ Take your _____ , get some _____ ,
_____ early.

3 How often should Mike exercise? Mike는 운동을 얼마나 자주 해야 하나요?

➡ _____ .

120

AI의사와 나누는 대화문 쓰기

Chat Script

Ready to Write

왼쪽 글을 참고하여 'AI의사와 나누는 대화문'을 쓰려고 합니다. 아플 때 AI의사와 어떤 대화를 나눌지 상상하며 빈칸에 영어 또는 한글로 써 보세요. (이번 챕터에서 공부했던 표현들을 활용하세요!)

아픈 곳

생활 습관(빈도)

조언하기

Write Your Story

위에 정리한 내용을 바탕으로 대화문을 써 보세요.

How often do you use your phone?

'Smombie'라는 말을 들어보았나요?

Smombie란? Smartphone과 Zombie의 합성어로, '스마트폰에 빠진 상태로 길을 걷는 사람'을 뜻합니다. 스마트폰에 지나치게 매인 세태를 풍자하는 말로, 2015년 독일에서 처음 사용됐습니다.

Are you a 'Smombie'?

- ☐ 스마트폰을 보느라 주변을 살피지 않고 걷는다.
- ☐ 고개를 푹 숙이고 스마트폰을 보면서 느리게 걷는다.
- ☐ 스마트폰을 보느라 물체나 다른 사람들에 자주 부딪힐 뻔 한다.
- ☐ 스마트폰을 끄거나 내려놓는 것이 너무 어렵다.

Smombie를 위한 대책

1 교통안전 표지

2 바닥에 매설된 건널목 보행 신호등

3 스마트폰 사용자 전용 인도

"Don't be a smombie!"

길을 다니면서 스마트폰을 사용하는 건 위험해요. 안전이 제일입니다!

Chapter
8

Food
음식

이 챕터를 공부하면...

· 음식 주문하기
· 가격 묻고 답하기(복수형)
· 음식 맛 묻고 답하기

등을 익혀 '모양시'를 쓸 수 있어요!

What would you like to order?
음식 주문하기

Step 1 **Key Words** 다음 단어나 표현을 듣고, 알고 있는 것에 ✔표를 해 보세요. 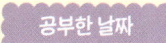 Day 22_01.mp3

☐ order   주문하다
☐ like   좋아하다
☐ two   2, 둘
☐ sandwich   샌드위치
☐ please   부디, 제발(정중하게 부탁하거나
               무엇을 하라고 할 때 덧붙이는 말)
☐ some   조금, 약간의

☐ noodle   국수
☐ hot dog   핫도그
☐ chicken burger 치킨버거
☐ fries   감자튀김
☐ fried rice   볶음밥

Step 2 **Key Expression**

What would you like to order?

⬇

[무엇 / ~하시겠어요 / 당신은 / 원하다 / ~하는 것을 / 주문하다?]

⬇

당신은 무엇을 주문하는 걸 원하세요?

⬇

무엇을 주문하시겠어요?

음식점에서 서빙하는 직원이 손님에게 "무엇을 주문하시겠어요?"라고 물을 때 What would you like to order?라고 해요. What을 빼고 Would you like to order?라고 하면 "주문하시겠어요?"라는 표현으로, 이 또한 자연스럽게 사용할 수 있어요.

 이 문장에서 **would**는 직접적인 뜻은 없지만 문장을 부드럽고 정중하게 만들어주는 조동사예요. **would**를 쓰면 손님이나 어른, 처음 만나는 사람에게 예의를 갖추어 공손하게 말할 수 있어요. 그래서 **What do you want to order?**보다 **What would you like to order?**가 더 정중한 표현이랍니다.

TIPS 주문을 받을 때 쓸 수 있는 비슷한 다른 표현을 살펴볼게요.

Are you ready to order? 주문할 준비되셨어요?

May I take your order? 제가 주문을 받아도 되겠습니까?

두 번째 문장은 대우 정중한 표현으로, **May** 대신 **Can**을 넣어 **Can I take your order?**라고 말할 수도 있어요. 이 표현이 **May**를 넣은 표현보다 조금 더 자연스럽고 자주 사용하는 표현이니 기억해 두면 좋아요.

I'd like two sandwiches, please.

[저는 ~을 원해요 / 두 개의 / 샌드위치 / 제발.]

샌드위치 두 개 주세요.

What would you like to order?에 대한 대답은 I'd like □, please.라고 하면 자연스럽고 정중해요. □ 자리에 주문할 것을 넣어 말하면 돼요.

I'd like some noodles, **please.**   저는 국수를 주세요.
I'd like a hot dog, **please.**   저는 핫도그 주세요.
I'd like a chicken burger and fries, **please.**
저는 치킨버거와 감자튀김으로 할게요.
I'd like fried rice, **please.**   저는 볶음밥이요.

 I'd는 **I would**의 줄임말이에요. **I'd like ~.**는 '~을 원해요' 또는 '~을 주세요'라는 뜻으로, 정중하게 말하고 싶을 때 자주 써요. 문장 끝에 **please**를 붙이면 더 공손하고 친절한 말투가 되죠.

some은 정확한 수나 양을 말하지 않을 때 써요. 그래서 **some noodles**는 '국수 좀'이라는 자연스러운 표현이 되는데, 이때 **some**을 빼고 **I'd like noodles.**라고 하면 약간 딱딱하게 들릴 수 있어요. 샌드위치나 핫도그처럼 셀 수 있는 음식은 **two sandwiches**, **a hot dog**처럼 숫자를 붙이거나 '하나'를 나타나는 **a** 등을 붙여서 말할 수 있다는 점도 기억해요.

대화의 빈칸에 알맞은 표현을 써 보세요. 들으며 답을 확인하고, 따라 말해 보세요.

    _____ would you like to _____ ? 무엇을 주문하시겠어요?

    _____ two sandwiches and a hot dog, please.

샌드위치 두 개랑 핫도그 하나 주세요.

    For here or to go?

    To go, _____ . 가지고 갈게요.

    Okay.

우리말 뜻을 보고, 빈칸에 알맞은 영어를 <보기>에서 골라 써 보세요. 들으며 답을 확인하고, 따라 말해 보세요.

보기
please   order   noodles   I'd like
burger and fries   would   some

	우리말 뜻	영어 표현
1	무엇을 주문하시겠어요?	What _____ you like to order?
2	제가 주문을 받아도 될까요?	Can I take your _____?
3	샌드위치 두 개 주세요.	_____ _____ two sandwiches, please.
4	저는 핫도그 주세요.	I'd like a hot dog, _____.
5	저는 버거와 감자튀김을 주세요.	I'd like a _____ _____ _____, please.
6	볶음밥으로 주세요.	I'd like _____ fried rice, please.
7	저는 국수를 주세요.	I'd like some _____, please.

GRAMMAR 조동사 would

would는 **will**의 과거형으로도 쓰이지만, 정중한 표현을 할 때도 써요. 무엇을 원하거나 하고 싶을 때 **want**를 쓰는 대신 **would like**를 넣으면 정중하고 공손한 표현이 돼요.

want 문장
➡ 다소 직설적으로 들릴 수 있어요.
I want some juice. 주스 좀 줘요.
Do you want some water? 물 마실래요?
What do you want to order? 무엇을 주문할래요?

➡

would 문장
➡ 좀 더 친절하고 공손해요.
I would like some juice. 주스 좀 주세요.
Would you like some water? 물 좀 드릴까요?
What would you like to order? 무엇을 주문하시겠어요?

would는 예쁘고 정중한 말투를 만들어줘요. 친구에게 부탁하거나 선생님 또는 어른에게 말할 때 **Would you like ~?** 또는 **I would like ~.**를 쓰면 자연스럽답니다. 실제 회화에서 **I would**는 **I'd**로 줄여서 많이 써요.

앞에서 공부한 표현을 여러 번 써 보고, 듣고 따라 말해 보세요.

1　What would you like to order?

2　Would you like to order?

3　I'd like some noodles, please.

4　I'd like a hot dog, please.

5　I'd like a chicken burger and fries, please.

6　I'd like fried rice, please.

Step 7　Write About You

식당에 간 상상을 해 보고, '나'라면 어떤 주문을 할지 대답을 써 보세요.

Q　What would you like to order?

I'd like

How much are these noodles?
가격 묻고 답하기(복수형)

Step 1 Key Words
다음 단어나 표현을 듣고, 알고 있는 것에 ✔표를 해 보세요. 🎧 Day 23_01.mp3

☐ how much	얼마	
☐ pancake	팬케이크	
☐ egg	달걀	
☐ taco	타코	
☐ cookie	쿠키	
☐ hundred	100, 백	
☐ thousand	1000, 천	

☐ ten	10, 열
☐ five	5, 다섯
☐ eight	8, 여덟
☐ twelve	12, 열둘
☐ twenty	20, 스물
☐ won	원(화폐 단위)

Step 2 Key Expression

How much are these noodles?

⬇

[얼마 ˚ 입니까 / 이 / 국수?]

⬇

이 국수 얼마예요?

복수형으로 자주 쓰이는 음식 이름을 사용해 가격을 물어볼 수 있어요. How much are these/those □?로 □ 자리에 음식 이름을 넣어 말해요.

➡

How much are these pancakes? 이 팬케이크 얼마예요?
How much are these sandwiches? 이 샌드위치 얼마예요?
How much are those eggs? 저 달걀 얼마예요?
How much are those tacos? 저 타코 얼마예요?
How much are those cookies? 저 쿠키 얼마예요?

 How much are these noodles?에서 **much** 뒤에는 **money**가 생략되었어요. **How much money are these noodles?**, 즉 '이 국수는 얼마나 많은 돈입니까? ⇨ 이 국수는 얼마입ﾍ까?'가 되는 것이죠.

 TIPS **How much is it?**은 가격을 물을 때 쓰는 기본 표현이에요. 3~4학년 수준에서 이미 배운 적이 있지요. **it** 대신에 물건 이름을 넣을 수도 있어요. 예를 들어, **How much is this pencil?** 이렇게요. 그런데 음식 중에는 **noodles, pancakes, sandwiches, eggs, tacos, cookies**처럼 작게 나뉘어 있거나 여러 개로 이루어진 것들이 있어요. 이런 경우에는 복수형으로 바꾸어 가격을 묻는 표현을 써야 해요. 오늘 공부한 표현들처럼 말이죠.
정리하면, 여러 개로 이루어진 음식의 경우에는 [**these/those** + 복수형 명사]를 쓰고, 동사도 **are**로 바꾸어서 **How much are these/those ~?** 형태로 말해요.

They're ten thousand won.

↓

[그것들은 ~이다 / 10 / 1,000 / 원.]

↓

그건 10,000원이에요.

복수형 의문문에 대한 대답은 복수형으로 해요. It의 복수형인 They를 쓰고 그의 be동사 짝꿍인 are를 넣어 They are □ won.으로요. □ 자리에는 가격의 숫자가 오고, 이 문장은 줄여서 They're □ won.으로도 쓸 수 있어요.

→

They're five thousand **won.**   그건 오천원이에요.
They're eight thousand **won.**   그건 팔천원이에요.
They're two thousand and five hundred **won.**
그건 이천 오백원이에요.
They're twelve thousand **won.**   그건 만 이천원이에요.
They're twenty thousand **won.**   그건 이만원이에요.

 가격을 쓸 때는 보통 숫자로 써요. 예를 들어 **It's 10,000 won.**처럼 말이죠. 하지만 이 숫자를 읽을 때는 위와 같이 읽어야 해요. 보통 콤마(,)를 기준으로 해서 읽어요. 세 자리 단위로 콤마를 찍기 때문에 첫 번째 콤마 자리는 **thousand**(1,000 천), 두 번째 콤마 자리는 **million**(1,000,000 백만)이에요.

    500 = **five hundred**
1,000 = **one thousand**   2,000 = **two thousand**
5,000 = **five thousand**   10,000 = **ten thousand**

우리나라 돈이 아니라 외국 화폐 단위로 말할 때는 **won** 자리에 **dollar**처럼 그 나라 단위를 쓰면 돼요.

   Day **23_02**.mp3

대화의 빈칸에 알맞은 표현을 써 보세요. 들으며 답을 확인하고, 따라 말해 보세요.

 What   like to order? 무엇을 주문하시겠어요?

                some food for lunch. 점심으로 먹을 음식을 좀 주문하고 싶은데요.

               are those tacos? 저 타코는 얼마예요?

         eight thousand won. 그건 8,000원입니다.

 I'll take them.

(잠시 후)

 Okay. Here you are.

우리말 뜻을 보고, 빈칸에 알맞은 영어를 <보기>에서 골라 써 보세요. 들으며 답을 확인하고, 따라 말해 보세요.

보기

hundred   How much   are   thousand
They're   those   these

우리말 뜻	영어 표현
1	이 국수 얼마예요?	_____ _____ are these noodles?
2	그건 만원입니다.	_____ ten thousand won.
3	이 샌드위치 얼마예요?	How much _____ these sandwiches?
4	그건 오천원이에요.	They're five _____ won.
5	저 달걀은 얼마예요?	How much are _____ eggs?
6	이천 오백원이에요.	They're two thousand and five _____ won.
7	이 쿠키 얼마예요?	How much are _____ cookies?

슬쩍 읽고 넘어가는 GRAMMAR 의문사 how를 활용한 질문 만들기

how는 '어떻게'라는 뜻이에요. 그런데 old, tall, big, much 등의 형용사나 often, fast 등의 부사와 만나면 '얼마나'라는 뜻으로 쓰여요.

How + 형용사 (얼마나 ~한)	How + 부사 (얼마나 ~하게)
How old are you? [얼마나 나이든 / 이니 / 너는?] ⇨ 몇 살인가요?	How often do you exercise? [얼마나 자주 / - / 너는 / 운동하니?] ⇨ 얼마나 자주 운동하니?
How tall are you? [얼마나 키가 큰 / 이니 / 너는?] ⇨ 키가 몇이니?	How fast can you run? [얼마나 빨리 / 할 수 있니 / 너는 / 달리다?] ⇨ 넌 얼마나 빨리 달릴 수 있니?
How much (money) are these noodles? [얼마나 많은 (돈) / 이니 / 이 / 국수는?] ⇨ 이 국수 얼마예요?	How late do you go to bed? [얼마나 늦게 / - / 너는 / 자러 가니?] ⇨ 보통 몇 시쯤 자?

이렇게 how는 형용사나 부사와 만나서 다양한 의문문을 만들 수 있어요.

앞에서 공부한 표현을 여러 번 써 보고, 듣고 따라 말해 보세요.

1 How much are these noodles?

2 How much are these pancakes?

3 How much are those sandwiches?

4 They're ten thousand won.

5 They're twelve thousand won.

6 They're two thousand and five hundred won.

Step 7   Write About You

질문을 보고, 내가 생각하는 가격을 넣어 문장을 써 보세요.

Q   How much are these sandwiches?

How does it taste?
음식 맛 묻고 답하기

공부한 날짜
월   일

Step 1 **Key Words** 다음 단어나 표현을 듣고, 알고 있는 것에 ✔표를 해 보세요. 🎧 Day 24_01.mp3

☐	taste	맛이 ~하다, (입)맛	☐	bland	싱거운
☐	salty	짠, 짭짤한	☐	delicious	(아주) 맛있는
☐	sweet	단, 달콤한	☐	yummy	(아주) 맛있는
☐	sour	신, 시큼한	☐	bad	안 좋은, 나쁜
☐	spicy	양념 맛이 강한, 매운	☐	weird	이상한, 기이한
☐	bitter	쓴, 씁쓸한			

Step 2 **Key Expression**

How does it taste?

⬇

[어떻게 / – / 그것(음식) / 맛이 나니?]

⬇

맛이 어때요?

맛을 물어볼 때 How does it taste?라고 해요. 맛을 물어보는 기본적인 표현으로 실제 회화에서도 많이 쓰여요.

it은 3인칭 단수의 주어이기 때문에 의문문을 만들 때 **does**를 썼어요. **does** 뒤에는 **taste**처럼 동사원형이 와요.

 음식의 맛을 물어보는 표현은 다양한데요, 실제로 많이 쓰이면서도 간단한 표현을 몇 가지 더 살펴볼게요.

① **How's your meal?** 식사는 어때요?
맛, 분위기 등 식사 전반에 대해 물어보는 표현이에요.

② **How are your noodles?** 국수 맛 어때요?
이렇게 특정 음식을 넣어 맛을 물어볼 수 있어요. **noodles**가 복수이기 때문에 **are**를 사용했지요.

③ **Is it tasty? / Is it good? / Is it yummy?** 맛있어?
세 표현 모두 '맛있는지' 묻는 표현이에요. 마지막 표현인 **Is it yummy?**는 귀여운 표현으로 어린이들이 자주 써요.

④ **Do you like it?** 그거 마음에 들어?
맛을 포함해서 전체적인 음식의 만족도를 묻는 말이에요. 이 표현은 음식뿐만 아니라 다른 주제에서도 두루두루 쓸 수 있어요.

Step 3 **Learn More**

It's salty.

⬇

[그것은 ~이다 / 짠.]

⬇

짜네요.

음식의 맛을 말할 때 It's ☐.라고 해요. ☐에는 맛을 도현하는 단어를 넣어요.

➡

It's **sweet.** 달콤해요.
It's **sour.** 시큼하다.
It's **spicy.** 맵네.
It's **bitter.** 쓴 맛이에요.
It's **bland.** 싱겁습니다.

 한 가지 음식이어도 그 맛이 여러 가지일 때가 많지요. 다양한 맛을 표현할 때 **and**나 **but**을 넣어 아래와 같이 활용할 수 있어요.

It's sweet and salty. 달고 짜. (흔히 말하는 '단짠'을 표현할 수 있겠죠.)
It's salty but delicious. 짜긴 한데 맛있어

TIPS 달고, 맵고, 짜고 등과 같은 직접적인 맛 표현 외에 여러분이 많이 쓰는 맛 관련 표현을 알아볼게요.

① **It's delicious. / It tastes good. / It's yummy.** 맛있어요.
yummy는 어린이들이 많이 쓰는 귀여운 표현이에요.

② **It tastes bad.** 맛이 없어요.

③ **It tastes weird.** 맛이 이상해.
weird는 '이상한'이라는 뜻이에요.

④ **It's not my taste.** 내 입맛엔 안 맞아.
여기서 **taste**는 '미각, 입맛'이라는 뜻으로 명사로 쓰였거요. ②, ③에 쓰인 **taste**는 동사로 '맛이 ~하다/~한 맛이 나다'라는 뜻으로 쓰였죠.

Step 4 **Write & Say**  Day **24_02**.mp3

대화의 빈칸에 알맞은 표현을 써 보세요. 들으며 답을 확인하고, 따라 말해 보세요.

 What would you like to ＿＿＿＿? 무엇을 주문하시겠어요?

 ＿＿＿＿ some noodles. 국수 주세요.

 Okay, wait a minute.

(잠시 후)

 ＿＿＿＿ does it ＿＿＿＿? 맛이 어떠세요?

 It's ＿＿＿＿ but delicious. 맵지만 맛있어요.

우리말 뜻을 보고, 빈칸에 알맞은 영어를 <보기>에서 골라 써 보세요. 들으며 답을 확인하고, 따라 말해 보세요.

보기

sweet   does   bland   salty   spicy   sour   bitter

	우리말 뜻	영어 표현
1	맛이 어떻습니까?	How _____ it taste?
2	짭짤해요.	It's _____.
3	달콤해요.	It's _____.
4	신맛이에요.	It's _____.
5	매워요.	It's _____.
6	쓰네요.	It's _____.
7	싱거워요.	It's _____.

슬쩍 읽고 넘어가는
GRAMMAR   3인칭 단수 동사로 의문문 만들기

3인칭 단수란 무엇일까요? '나(1인칭)'와 '너(2인칭)'를 뺀 나머지(3인칭) 중 **she**, **he**, **it**처럼 한 명(한 개)일 때 '3인칭 단수'라고 하지요. 주어가 3인칭 단수일 때는 동사의 모양이 변한다는 것도 앞에서 공부했던 기억이 날 거예요.(DAY 08을 참고해요.)

1인칭	2인칭	3인칭 복수	3인칭 단수
I like apples.	You like apples.	They like apples.	He likes apples.

그렇다면 3인칭 단수일 때 의문문은 어떻게 만들까요? 위의 예문으로 의문문을 만들어보면 아래와 같아요.

1인칭	2인칭	3인칭 복수	3인칭 단수
I like apples. ⇨ Do I like apples?	You like apples. ⇨ Do you like apples?	They like apples. ⇨ Do they like apples?	He likes apples. ⇨ Does he like apples?

1인칭, 2인칭, 3인칭 복수가 주어인 의문문은 **Do**로 시작하지만, 3인칭 단수가 주어인 의문문은 **Does**로 시작해요. **Do**나 **Does**는 의문문을 만들어 주는 조동사로, 조동사 뒤에는 항상 동사원형이 온다는 규칙이 있기 때문에 동사의 원형인 **like**를 썼다는 점도 기억해요.
오늘 공부한 **How does it taste?**에서도 마찬가지예요. **it**은 3인칭 단수이므로 의문문을 **does**로 시작하는데, 의문사(**How**)는 의문 문의 맨 앞에 오기 때문에 위와 같은 문장이 완성된 것이지요. 동사 **taste**를 원형 그대로 썼다는 점도 확인했겠죠?

앞에서 공부한 표현을 여러 번 써 보고, 듣고 따라 말해 보세요.

1 How does it taste?

2 It's salty.

    It's sweet.

3 It's sour.

    It's spicy.

4 It's bitter.

    It's bland.

5 It's sweet and salty.

    It's salty but delicious.

6 It's delicious.

    It's not my taste.

Step 7 Write About You

어제 저녁에 내가 먹은 음식의 맛이 어땠는지 떠올려 보고, 아래의 질문에 답을 써 보세요.

Q How does it taste?

It's

I Love Noodles

모양시

A Let's Read 어떤 내용인지 생각하며 다음 모양시를 소리 내어 읽어 보세요.

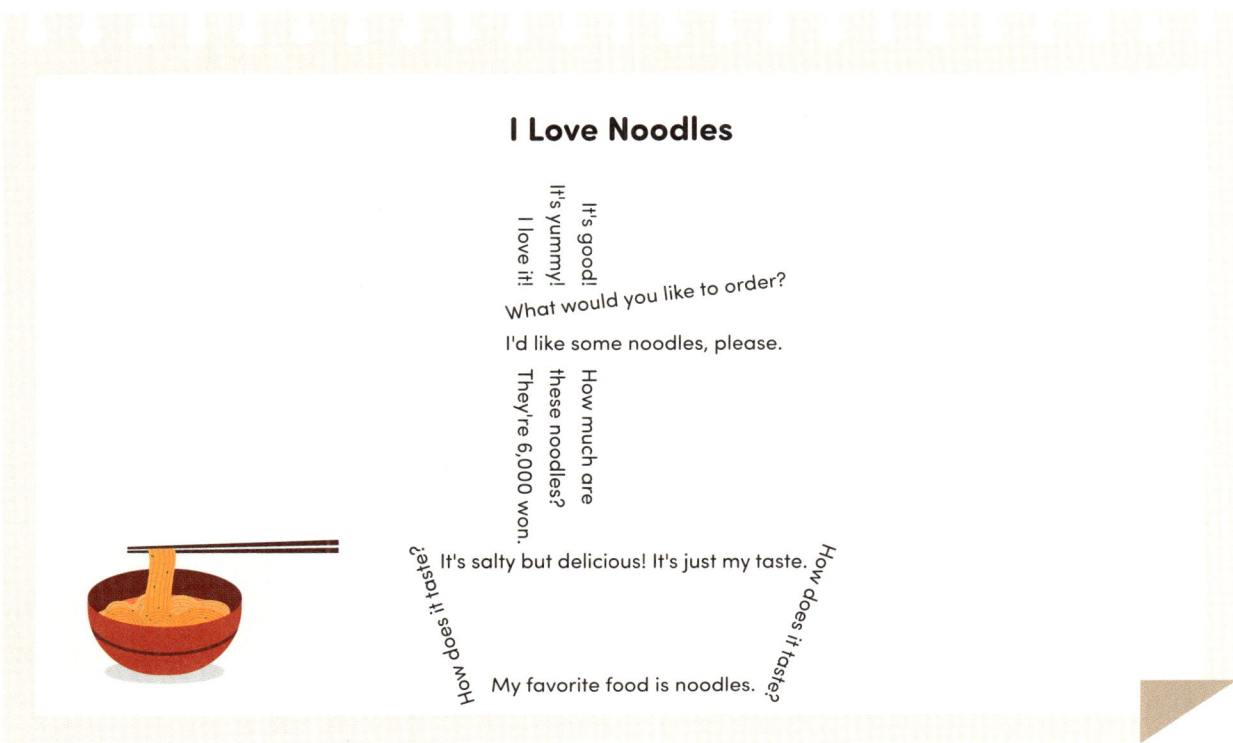

I Love Noodles

It's good!
It's yummy!
I love it!
What would you like to order?

I'd like some noodles, please.

How much are these noodles?
They're 6,000 won.

How does it taste?   It's salty but delicious! It's just my taste.   How does it taste?

My favorite food is noodles.

B Check Check 위의 글을 다시 읽고, 아래 물음에 답해 보세요.

1 What shape is the poem? 시는 어떤 모양인가요?

➡ _____ .

2 How much are these noodles? 국수 가격이 얼마인가요?

➡ They're _____ won.

3 How does it taste? 맛은 어떤가요?

➡ It's _____ , _____ , _____ but _____ .

4 What is the writer's favorite food? 작가가 가장 좋아하는 음식은 무엇인가요?

➡ _____ .

모양시 쓰기

Shape Poem

왼쪽 글을 참고하여 '모양시'를 쓰려고 합니다. 자신이 좋아하는 음식을 떠올려 빈칸에 영어 또는 한글로 써 보세요. (이번 챕터에서 공부했던 표현들을 활용하세요!)

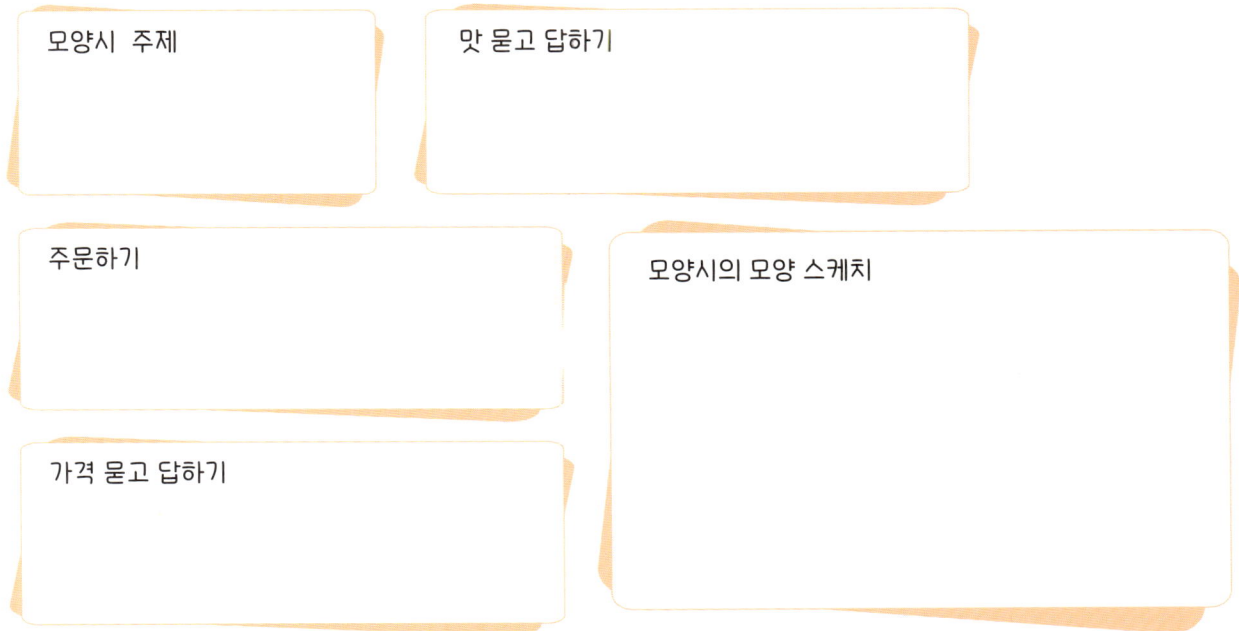

모양시 주제

맛 묻고 답하기

주문하기

모양시의 모양 스케치

가격 묻고 답하기

위에 정리한 내용을 바탕으로 모양시를 써 보세요.

I am hangry!

'Hangry'라는 말을 알고 있나요?

Hangry란?

hungry와 angry의 합성어. '배가 고파서 화가 난 상태'를 뜻하는 말로, 1990년대부터 쓰이기 시작했지만 사용 빈도와 문화적 확산이 충분히 이루어진 2018년 이후에 사전에 등재되었습니다.

becoming angry because you are feeling hungry

(출처: Cambridge Dictionary)

나도 hangry 상태일까?

- ☐ 배가 고파서 신경이 예민해진다.
- ☐ 배가 고파서인지 괜히 짜증이 난다.
- ☐ 배가 고프니 세상이 어두워 보인다.
- ☐ 밥이 늦게 나와 너무 열받는다.

* 한 가지라도 해당된다면
You are hangry!라고 할 수 있을 것 같아요.

실제 원어민들은 hangry를 어떻게 쓸까?

- I'm hangry right now. Let's go eat something.

  나 지금 배고파서 짜증나. 뭐 좀 먹으러 가자.

- If your mom is getting hangry, give her a chocolate cake and warm hug.

  만약 너의 엄마가 배고파서 예민해지시면, 초콜릿 케이크를 드리고 따뜻하게 안아드려라.

- I was hangry, so I ran to the restaurant.

  난 배고프고 화가 나서 식당으로 뛰어갔어.

재미로 보는 hangry의 전후 단계 변화

1단계 😛	2단계 😣	3단계 😤
I'm hungry. Give me some food, please. 배고파요. 음식 좀 주세요.	I'm hangry! I want to eat something right now! 나 배고파서 화가 나요! 지금 바로 뭔가 먹고 싶어요.	After a big lunch, I fell into a food coma. 점심을 잔뜩 먹고, 식곤증이 몰려왔어요. *food coma: 과식 후 졸음이 밀려오는 상태

Chapter
9

Place
장소

이 챕터를 공부하면...

· 위치 묻고 답하기
· 장소의 위치 말하기
· 가는 방법 묻고 답하기

등을 익혀 '위치 안내문'을 쓸 수 있어요!

Where is the ice cream shop?
위치 묻고 답하기

공부한 날짜
월   일

Step 1 Key Words 다음 단어나 표현을 듣고, 알고 있는 것에 ✔표를 해 보세요. 🎧 Day 25_01.mp3

☐ ice cream shop	아이스크림 가게
☐ bakery	빵집, 제과점
☐ supermarket	슈퍼마켓
☐ restaurant	식당, 레스토랑
☐ go straight	쭉 가다, 직진하다

☐ block	구역, 블록
☐ turn right	오른쪽으로 돌다
☐ at	~에서
☐ corner	모서리, 모퉁이
☐ turn left	왼쪽으로 돌다

Step 2 Key Expression

Where is the ice cream shop?
⬇
[어디 / 있니 / 그 / 아이스크림 / 가게?]
⬇
아이스크림 가게가 어디에 있어요?

어떤 장소나 물건의 위치를 물어볼 때 Where is the □?라고 해요. □에는 위치를 알고 싶은 장소나 물건을 넣어요.

➡ **Where is the bakery?** 빵집이 어디에 있나요?
Where is the supermarket? 슈퍼마켓이 어디예요?
Where is the restaurant? 식당이 어디니?

 Where is the ice cream shop?에서 a/an이 아닌 **the**를 쓰는 이유는, '너도 알고 나도 아는' 아이스크림 가게라고 전제하기 때문이에요. 만약 아이스크림 가게 이름이 **Sweet Ice Cream Shop**이라면, a/an이나 the 없이 **Where is Sweet Ice Cream Shop?**이라고 말할 수도 있어요. 하나뿐인 고유명사 앞에는 관사(a/an, the)를 붙이지 않기 때문이에요. 고유명사를 쓸 때는 첫 글자를 대문자로 쓴다는 점도 알아두세요.

 장소 앞에 a나 an을 붙이는 상황을 떠올려 볼게요. '아이스크림을 사고 싶은데 이 근처에 있는지 없는지 모르겠다, 어떤 아이스크림 가게라도 좋다'면 **Where is an ice cream shop?**이라고 물어볼 수 있어요. 이 경우, 비슷한 표현으로 **Is there an ice cream shop nearby?**(근처에 아이스크림 가게가 있나요?)라고 물어볼 수도 있어요.

Step 3 **Learn More**

Go straight.

⬇

[가다 / 곧장.]

⬇

쭉 가세요.

길을 알려줄 때 앞으로 쭉 가는 '직진'은 go straight, 가다가 오른쪽이나 왼쪽으로 도는 우회전, 좌회전은 turn right, turn left라고 해요.

Go straight two blocks. 두 블록을 쭉 가세요.
Turn right. 오른쪽으로 도세요.
Turn right at the corner. 모퉁이에서 오른쪽으로 돌아.
Turn left. 왼쪽으로 돌아요.
Turn left at the bakery. 빵집에서 왼쪽으로 도세요.

 block은 '건물이나 집들이 모여 있는 거리의 한 구간'을 갈해요. 횡단보도부터 다음 횡단보도까지를 **one block**이라고 이해하면 쉬워요. **corner**는 **block** 끝에 꺾이는 모퉁이, 즉 길을 걷다가 꺾을 수 있는 곳이 나오면 그곳이 **corner**예요.

TIPS 길을 안내하는 모습을 떠올려보면, 보통 "쭉 가세요." 또는 "모퉁이에서 오른쪽으로 도세요." 등 한 문장으로 제시하기보다는 "한 블록 쭉 가다가 모퉁이에서 오른쪽으로 도세요."와 같이 몇 가지 문장을 함께 쓰는 경우가 많아요. 이때 보통 **and**로 연결해 말해요.

A: **Where is the ice cream shop?** 아이스크림 가게가 어디예요?
B: **Go straight** <u>and</u> **turn right at the bakery.** 쭉 가다가 빵집에서 오른쪽으로 도세요.

Step 4 **Write & Say** Day **25_02**.mp3

대화의 빈칸에 알맞은 표현을 써 보세요. 들으며 답을 확인하고, 따라 말해 보세요.

 I'm thirsty. I want some water.

 Me, too.

(지나가는 사람에게) Excuse me. ⬚⬚⬚⬚⬚⬚⬚⬚ is the supermarket? 슈퍼마켓이 어디인가요?

 It's over there. ⬚⬚⬚⬚⬚⬚⬚ and ⬚⬚⬚⬚⬚⬚ ⬚⬚⬚⬚⬚ at

the corner. 쭉 가다가 모퉁이에서 왼쪽으로 돌면 돼요.

 Oh, thank you.

우리말 뜻을 보고, 빈칸에 알맞은 영어를 <보기>에서 골라 써 보세요. 들으며 답을 확인하고, 따라 말해 보세요.

> **보기**
>
> Go   at the corner   restaurant   Where
> straight   Turn   right   supermarket

	우리말 뜻	영어 표현
1	아이스크림 가게가 어디인가요?	_____ is the ice cream shop?
2	두 블록만큼 쭉 가세요.	_____ straight two blocks.
3	모퉁이에서 오른쪽으로 돌아요.	_____ right at the corner.
4	식당이 어디에 있나요?	Where is the _____?
5	쭉 가다가 빵 가게에서 오른쪽으로 도세요.	Go _____ and turn _____ at the bakery.
6	슈퍼마켓이 어디니?	Where is the _____?
7	쭉 가다가 모퉁이에서 왼쪽으로 돌면 돼요.	Go straight and turn left _____ _____ _____.

 **슬쩍 읽고 넘어가는 GRAMMAR** **명령문**

문장은 보통 [주어 + 동사]를 기본으로 해요. **I go to school.**(나는 학교에 간다.)처럼 말이죠. 이 문장에서 주어인 **I**를 빼면 **Go to school.**(학교에 가거라.)로 명령문이 돼요. '~해라', '~하세요'라고 말하는 명령문은 다음과 같은 과정으로 만들어요.

Nick goes straight two blocks. Nick은 두 블록만큼 쭉 갑니다.

❶ 주어를 없앤다.

Goes **straight two blocks.** 두 블록만큼 쭉 가세요.

❷ 동사원형을 쓴다.

Go straight two blocks. 두 블록만큼 쭉 가세요.

앞에서 공부한 표현을 여러 번 써 보고, 듣고 따라 말해 보세요.

1   Where is the ice cream shop?

2   Where is the supermarket?

3   Go straight.

     Go straight two blocks.

4   Turn right.

     Turn right at the corner.

5   Turn left.

     Turn left at the bakery.

6   Go straight and turn right at the supermarket.

Step 7   Write About You

우리 집을 기준으로 다음 질문에 대한 실제 '나'의 대답을 써 보세요.

Q   Where is the bakery?

DAY 26

It's on your right.
장소의 위치 말하기

Step 1 | **Key Words**   다음 단어나 표현을 듣고, 알고 있는 것에 ✔표를 해 보세요. 🔊 Day 26_01.mp3

☐ on your right   (당신의) 오른쪽에   ☐ in front of   ~ 앞에

☐ on your left   (당신의) 왼쪽에   ☐ behind   ~ 뒤에

☐ next to   ~ 옆에   ☐ park   공원

☐ between *A* and *B*   A와 B 사이에

Step 2 | **Key Expression**

It's on your right.

[그것은 ~있다 / ~에 / 당신의 / 오른쪽.]

그건 오른쪽에 있어요.

It's on your left.

[그것은 ~있다 / ~에 / 당신의 / 왼쪽.]

그건 왼쪽에 있어요.

길을 안내하는 과정에서 장소의 위치를 말할 때 듣는 사람의 방향을 기준으로 (그 장소가) 오른쪽에 있다고 말할 때 It's on your right.라고 해요. 반대로 왼쪽에 있다면 It's on your left.라고 하지요.

 위의 표현을 다음 예문으로 더 자세히 알아볼게요.

A: Where is the bakery? 빵집이 어디에요?

B: It's on your right. 오른쪽에 있어요.

   ⇨ 당신이 가고 있는 방향에서 오른쪽에 빵집이 있다는 거예요.

A: Where is the library? 도서관이 어디에요?

B: It's on your left. 왼쪽에 있어요.

   ⇨ 도서관은 당신이 가고 있는 방향에서 왼쪽에 있다는 설명이에요.

Step 3 Learn More

It's next to the restaurant.
⬇
[그것은 ~이다 / ~ 옆에 / 그 / 음식점.]
⬇
그건 음식점 옆에 있습니다.

장소의 위치를 말할 때 보통 '~ 옆에 있어요', 'A와 B 사이에 있어요', '~ 앞에 있어요', '~ 뒤에 있어요'라고 말해요. 영어에서도 마찬가지예요.

It's between the bakery **and** the library.
그건 빵집과 도서관 사이에 있어요.
It's in front of the park.
그것은 공원 앞에 있단다.
It's behind the bus stop.
그거 버스 정류장 뒤에 있어.

 위의 표현을 그림과 함께 살펴볼게요.

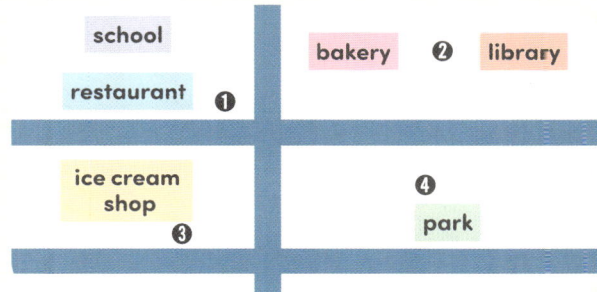

❶ **It's next to the restaurant.**
그것은 음식점 옆에 있다.
❷ **It's between the bakery and the library.**
그것은 빵집과 도서관 사이에 있다.
❸ **It's in front of the ice cream shop.**
그것은 아이스크림 가게 앞에 있다.
❹ **It's behind the park.**
그것은 공원 뒤에 있다.

Step 4 Write & Say 🎧 Day **26_02**.mp3

대화의 빈칸에 알맞은 표현을 써 보세요. 들으며 답을 확인하고, 따라 말해 보세요.

 Excuse me. Where is the ＿＿＿＿? 음식점이 어디에 있나요?

 Go ＿＿＿ two blocks and turn ＿＿＿ at the corner. 두 블럭 직진

하신 후 모퉁이에서 왼쪽으로 도세요. It's on your ＿＿＿. 당신이 가는 길 오른쪽에 있어요.

 Okay.

 It's ＿＿＿＿ the school. 학교 앞에 있어요.

 Thank you.

우리말 뜻을 보고, 빈칸에 알맞은 영어를 <보기>에서 골라 써 보세요. 들으며 답을 확인하고, 따라 말해 보세요.

보기

right   between   left   next to   and   behind   in front of

우리말 뜻	영어 표현
1 그건 당신의 오른쪽에 있어요.	It's on your _____.
2 그것은 너의 왼쪽에 있단다.	It's on your _____.
3 슈퍼마켓 옆에 있습니다.	It's _____ _____ the supermarket.
4 빵집과 도서관 사이에 있어요.	It's _____ the bakery _____ the library.
5 그것은 아이스크림 가게 앞에 있단다.	It's _____ _____ _____ the ice cream shop.
6 버스 정류장 뒤에 있어.	It's _____ the bus stop.

슬쩍 읽고 넘어가는
GRAMMAR 위치를 나타내는 전치사 2

DAY 07에서 공부한 **on, in, under, at** 등과 같이 어떤 사물이나 사람이 다른 사물을 기준으로 어디에 위치해 있는지를 나타낼 때 '위치를 나타내는 전치사'를 써요. **next to, between, in front of, behind**도 대표적인 위치 전치사예요.

next to	~ 옆에		It's next to the bakery. 그것은 빵집 옆에 있어. The ball is next to you. 그 공은 네 옆에 있잖아.
between	~ 사이에		It's between the supermarket and the ice cream shop. 그것은 슈퍼마켓이랑 아이스크림 가게 사이에 있어요. He is between his father and mother. 그는 그의 아버지와 어머니 사이에 있습니다.
in front of	~ 앞에		It's in front of the school. 그건 학교 앞에 있어. You are in front of the restaurant. 너는 식당 앞에 있구나.
behind	~ 뒤에		It's behind the library. 그것은 도서관 뒤에 있지요. I am behind you. 나는 너 뒤에 있어.

이렇게 위치를 나타내는 전치사는 장소뿐만 아니라 사람이나 물건의 위치를 말할 때도 쓰여요.

앞에서 공부한 표현을 여러 번 써 보고, 듣고 따라 말해 보세요.

1   It's on your right.

2   It's on your left.

3   It's next to the restaurant.

4   It's between the bakery and the library.

5   It's in front of the ice cream shop.

6   It's behind the park.

Step 7   Write About You

내가 위치를 잘 알고 있는 건물을 떠올려 질문을 만들어 보고, 그것의 대답을 써 보세요.

Q   Where is the _____?

It's

DAY 27

How can I get to the museum?
가는 방법 묻고 답하기

공부한 날짜

월   일

다음 단어나 표현을 듣고, 알고 있는 것에 ✔표를 해 보세요. 🔊 Day 27_01.mp3

☐ get to   ~에 도착하다   ☐ take   타다
☐ museum   박물관   ☐ bus   버스
☐ police station   경찰서   ☐ subway   지하철
☐ post office   우체국   ☐ get off   내리다
☐ hospital   병원

How can I get to the museum?

⬇

[어떻게 / 할 수 있나요 / 내가 / 닿다 / ~에 / 그 / 박물관?]

⬇

박물관에 어떻게 가나요?

How can I get to □?는 어떤 장소에 어떻게 가는지 묻는 대표적인 길 묻기 표현이에요. '내가 ~에 어떻게 갈 수 있나요?', 즉 '~에 어떻게 가나요?'라는 뜻이지요. □ 자리에 가고 싶은 장소를 넣으면 돼요.

➡ **How can I get to** the police station?
경찰서에는 어떻게 가나요?

How can I get to the post office?
우체국에 어떻게 가요?

How can I get to the hospital?
병원에는 어떻게 가지?

How can I get to the museum?과 DAY 25에서 공부했던 Where is the museum?과는 의미와 쓰임에 약간의 차이가 있어요. 물론 상황에 따라 비슷한 의미로 쓰이기도 하지만, **Where is the museum?**이라고 하면 단순하게 '위치'를 묻는 표현으로 그냥 어디에 있는지 알고 싶을 때도 쓸 수 있어요. 하지만 **How can I get to the museum?**이라고 하면 '가는 방법'을 묻는 표현으로, 걸어서 갈 때나 차 또는 교통수단을 이용할 때도 쓰는 표현이에요.

A: How can I get to the museum? 박물관에 어떻게 갈 수 있나요?
B: Go straight three blocks and turn right at the bank. It's on your left.
　　세 블록 쭉 가서 은행에서 오른쪽으로 도세요. 거기 왼쪽에 있습니다.

 길을 물을 때 쓸 수 있는 또다른 표현으로 다음 두 가지를 자주 써요.

How do I get to the museum? 박물관에 어떻게 가요?
Can you tell me how to get to the museum? 박물관에 어떻게 가는지 알려줄 수 있어요?

Take Bus Number 5 and get off at the park.

[타다 / 버스 / 5번 / 그리고 / 내리다 / ~에서 / 그 / 공원.]

5번 버스를 타고 공원에서 내리세요.

대중교통을 타고 목적지에 도착하도록 길을 안내할 때 take와 get off를 활용하면 편리해요. '무엇을 타고 어디에서 내려라'라고 말하려면 [Take + 탈 것 and get off at + 내릴 곳.]이라고 말해요.

Take Bus Number 3 **and get off at** the library.
3번 버스를 타고 가다가 도서관에서 내리세요.

Take Subway Line 2 **and get off at** the hospital.
지하철 2호선을 타고 가다가 병원에서 내려.

Take Subway Line 4 **and get off at** the post office.
지하철 4호선을 타고 가다가 우체국에서 내리십시오.

 get off의 반대말인 **get on** 역시 우리말로 '타다'라고 해석되지만 오늘은 쓰지 않았어요. **take**는 버스를 타고 이동하는 것 전체를 포함하는 개념으로, **Take Bus Number 5 and get off at the park.**라고 하면 '5번 버스를 타고 가다가'라는 개념을 포함하고 있어요. 하지만 **get on**은 '교통수단에 오르는 순간의 동작'을 뜻해요.

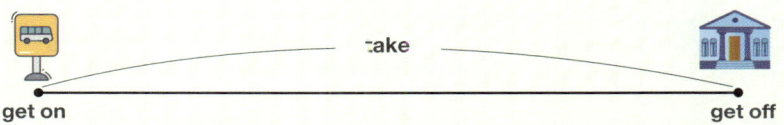

Get on Bus Number 5.라고 하면 '5번 버스에 올라타라'는 비교적 단순한 의미예요. 그래서 이동을 포함하는 **take**가 더 적당한 표현이에요. 더불어 5번 버스, 3번 버스, 지하철 2호선, 지하철 4호선 등은 고유명사로 취급하기 때문에 모두 대문자로 쓴다는 점도 알아두면 좋겠죠.

대화의 빈칸에 알맞은 표현을 써 보세요. 들으며 답을 확인하고, 따라 말해 보세요.

 Excuse me. How can I get to the _____? 박물관에 어떻게 가나요?

 _____ Bus Number 3 and _____ at the post office.

3번 버스를 타고 가다가 우체국에서 내리세요.

It's _____ the post office. 우체국 옆에 있어요.

 Oh, _____ is the bus stop? 아, 버스 정류장이 어디 있어요?

 It's _____ there. 저쪽이에요.

 Oh, thank you.

우리말 뜻을 보고, 빈칸에 알맞은 영어를 <보기>에서 골라 써 보세요. 들으며 답을 확인하고, 따라 말해 보세요.

보기

| the post office | | How | Subway Line 4 |
| Take | get to | Bus Number 3 | get off |

	우리말 뜻	영어 표현
1	박물관에 어떻게 가나요?	_____ can I get to the museum?
2	경찰서에는 어떻게 가나요?	How can I _____ _____ the police station?
3	우체국에 어떻게 가요?	How can I get to _____ _____ _____?
4	5번 버스를 타고 공원에서 내리세요.	_____ Bus Number 5 and get off at the park.
5	3번 버스를 타고 가다가 도서관에서 내리세요.	Take _____ _____ _____ and get off at the library.
6	지하철 2호선을 타고 가다가 병원에서 내려.	Take Subway Line 2 and _____ _____ at the hospital.
7	지하철 4호선을 타고 가다가 우체국에서 내리십시오.	Take _____ _____ _____ and get off at the post office.

슬쩍 읽고 넘어가는 GRAMMAR **인기 많은 동사 get**

get은 영어에서 무척 자주 쓰이는 동사예요. 우리가 지금까지 공부한 표현 중 **get**이 들어있는 표현을 보며 **get**의 다양한 변신을 살펴보도록 해요.

get up 일어나다	What time do you get up? 넌 몇 시에 일어나니?
get home 집에 오다	I get home at 5. 나는 5시에 집에 와.
get to ~에 도착하다	How can I get to the museum? 박물관에 어떻게 갈 수 있을까요?
get off 내리다	Get off at the bank. 은행에서 내리세요.
get on 타다	Get on that bus! 저 버스를 타!

get은 늘 '움직임'의 뉘앙스를 품고 있어요. 예를 들어 **get up**이라고 하면 몸을 움직여 일으키는 모습, **get home**이라고 하면 몸을 움직여 집에 닿는 모습이 그려지는 것이지요. 이렇게 주어인 '내가' 움직이는 것이 아니라, 반대로 무언가가 움직여 나에게 오는 느낌으로 쓰이기도 해요. 예를 들어 **I want to get a bike.** 하면 '나는 자전거가 나에게로 왔으면 좋겠어'와 같은 느낌이에요. 지금 피곤한 상태라고 말하는 **I'm tired.**와는 달리 **I got tired.** 하면 '피곤함이 서서히 나에게 왔다'는 느낌이에요. 실제 회화에서 **get**은 더욱 다양하게 활용되지만 지금은 이 정도만 이해해도 충분해요.

앞에서 공부한 표현을 여러 번 써 보고, 듣고 따라 말해 보세요.

1 How can I get to the museum?

2 How can I get to the hospital?

3 Take Bus Number 5 and get off at the park.

4 Take Bus Number 3 and get off at the library.

5 Take Subway Line 2 and get off at the hospital.

6 Take Subway Line 4 and get off at the post office.

Step 7 Write About You

국립 중앙 박물관에 버스나 지하철로 갈 수 있는 방법을 찾아보고, 다음 질문에 대한 답을 써 보세요.

Q How can I get to the National Museum of Korea?

Rainbow Town

위치 안내문

A Let's Read 어떤 내용인지 생각하며 다음 위치 안내문을 소리 내어 읽어 보세요.

This is **Rainbow Town**. Where do you want to go?

We have Rainbow Museum.
Go straight two blocks and turn left at the
corner. It's on your right.
It's next to the library.
You can take Bus Number 2 and get off at
Rainbow Museum, too.

You can go to Big Supermarket.
Go straight and turn right at the post office.
It's on your left.
It's between the bakery and the police station.

B Check Check 위의 글을 다시 읽고, 아래 물음에 답해 보세요.

1 Where can you go in the location guide? 이 위치 안내문을 보고 어디를 갈 수 있을까요?

   ➡ _____ and _____ .

2 How can I get to Rainbow Museum? 레인보우 박물관은 어떻게 가나요?

   ➡ _____ two blocks and _____ at the
   corner.
   ➡ Take _____ and get off at _____ .

3 Where is Big Supermarket? 빅 슈퍼마켓은 어디에 있나요?

   ➡ _____ and _____ at the post office. It's on your
   _____ . It's _____ the bakery _____ the police station.

152

위치 안내문 쓰기

Location Guide

왼쪽 글을 참고하여 '위치 안내문'를 만들려고 합니다. 자신이 상상하는 마을의 모습을 지도에 그리고, 영어 또는 한글로 써 보세요. (이번 챕터에서 공부했던 표현들을 활용하세요!)

마을 이름:

위에 정리한 내용을 바탕으로 위치 안내문을 써 보세요.

Where is that shop?

우리나라에는 있는데 외국에는 별로 없는 가게들, 어떤 게 있을까요?

1 **문방구**(Korean-style school supply store, stationery store)

문구류, 장난감, 학용품, 간식 등 학생들에게 필요한 것들을 파는 동네의 작은 가게에요. 외국에서는 문구류를 대부분 대형마트나 전문 사무용품점에서 구매해요. 동네의 작은 가게는 드물어요.

2 **떡집**(Korean rice cake shop)

떡집은 한국의 전통 떡을 파는 한국 고유 상점이에요. 영어권에서는 떡이 생소해요. 아시아 슈퍼마켓에서 파는 정도지요.

3 **노래방**(Karaoke booth, coin-operated singing room)

일본 등의 아시아권에는 있지만 영어권에는 혼자 가는 코인 노래방이 거의 없어요.

4 **찜질방**(Korean-style sauna, jjimjilbang)

사우나, 찜질, 식당, 수면 공간이 한곳에 모여 있는 복합 공간은 거의 한국에만 있어요. 그래서 외국인을 대상으로 설명할 때 jjimjilbang(찜질방)이라는 고유명사를 그대로 쓰기도 하지요.

Invitation
초대

이 챕터를 공부하면...

- 감정이나 상태 묻고 답하기
- 언제인지 묻고 답하기
- 초대하기

등을 익혀 '초대장'을 쓸 수 있어요!

Why are you happy?
감정이나 상태 묻고 답하기

공부한 날짜
월   일

Step 1 Key Words   다음 단어나 표현을 듣고, 알고 있는 것에 ✓표를 해 보세요. 🎧 Day 28_01.mp3

☐ why	왜	
☐ excited	신나는, 흥분되는	
☐ sad	슬픈	
☐ upset	속상한, 화가 난	
☐ tired	피곤한	
☐ worried	걱정되는, 불안한	
☐ because	왜냐하면, ~ 때문에	
☐ today	오늘	

☐ birthday	생일	
☐ go on a picnic	소풍 가다	
☐ lose (과거형 lost)	잃어버리다, 지다	
☐ key ring	키링, 열쇠고리	
☐ game	게임	
☐ study	공부하다	
☐ a lot	많이	
☐ sick	아픈	

Step 2 Key Expression

Why are you happy?
⬇
[왜 / 이니? / 너는 / 행복한?]
⬇
당신은 왜 행복한가요?

상대방의 기분이 왜 그러한지 물어볼 때 Why are you ☐?라고 해요. ☐ 자리에 감정이나 상태를 나타내는 단어를 넣어 말해요.

➡ **Why are you** excited? 왜 이렇게 신이 났어?
Why are you sad? 당신은 왜 슬프세요?
Why are you upset? 왜 이렇게 속상하니?
Why are you tired? 넌 왜 피곤하니?
Why are you worried? 넌 왜 걱정하고 있어?

TIPS 한때 유행했던 게임 〈**ANGRY BIRDS**〉를 알고 있나요? 누가 봐도 화가 난 표정의 빨간 새가 인상적이지요. '화가 난'이라는 뜻의 **upset**과 **angry**, **mad**는 어떻게 다를까요? 다음 표를 보며 뉘앙스의 차이를 살펴봐요.

	upset	angry	mad
뜻	속상한, 마음이 안 좋은	화난, 짜증 나는	화난
감정의 강도	약하거나 복합적	강한 분노	강한 분노
감정의 종류	슬픔+실망+짜증-속상함 등이 섞임	화, 짜증, 분노(부글부글)	화
예시 상황	친구가 나랑 안 놀아줘서 속상해.	동생이 내 그림을 찢어서 화났어.	파티에 못 가게 되어서 너무 화가 나.
아이의 표현	속상해요.	화났어요!	화났어요!
사용 지역	전 세계 공통	전 세계 공통	미국에서 주로 사용

Because today is my birthday.

[왜냐하면 / 오늘은 / 이다 / 나의 / 생일.]

왜냐하면 오늘이 제 생일이거든요.

Why(왜)로 물으면 보통 Because (왜냐하면)를 활용해서 대답해요.

Because I'm going on a picnic. 왜냐하면 저 소풍 갈 거라서요.
Because I lost my key ring. 왜냐하면 키링을 잃어버렸거든.
Because I lost the game. 게임에서 졌기 때문이에요.
Because I studied a lot. 공부를 많이 해서요.
Because my dog is sick. 우리 강아지가 아프거든요.

 감정에 따라 현재 상황이 답으로 올 수도 있고, 과거 또는 미래의 상황으로 답할 수도 있어요. 특정 시제의 일 뿐만이 아니라 현재, 과거, 미래 등 다양한 일이 우리의 감정에 영향을 주기 때문이지요.

[현재] **Because today is my birthday.**
[과거] **Because I lost my key ring.**
[미래] **Because I'm going to the zoo.**

TIPS 친구의 대답을 듣고 "와, 좋겠다!"처럼 기쁨에 공감하거나, "다, 어떡해."처럼 슬픔에 공감하면서 위로하는 표현을 할 수 있어요. 그러한 표현을 익혀서 실생활에서 활용해 보아요.

기쁨에 공감하는 표현	슬픔에 위로하는 표현
That sounds fun! 진짜 재밌겠다!	That's too bad! 안됐네!
That's great! 정말 좋겠다!	That's sad! 너무 슬프다!
Cool! 대박이야!	Oh, no! / Oh, dear! 아이고, 어떡해!
I'm jealous! 부럽다! (친한 친구 사이)	Don't worry! 걱정하지 마!
Lucky you! 좋겠다! ('운 좋다'는 뉘앙스)	Are you okay? 괜찮아?

🔊 Day 28_02.mp3

대화의 빈칸에 알맞은 표현을 써 보세요. 들으며 답을 확인하고, 따라 말해 보세요.

 Jinho, you look _____. 진호야, 너 행복해 보인다.

 Yes, I am!

 _____ are you so _____? 왜 그렇게 신이 난 거야?

 _____ today is my birthday! 오늘이 내 생일이거든!

 Oh, happy birthday!

우리말 뜻을 보고, 빈칸에 알맞은 영어를 <보기>에서 골라 써 보세요. 들으며 답을 확인하고, 따라 말해 보세요.

보기

Because   Why   upset   sick   tired   studied   lost

	우리말 뜻	영어 표현
1	왜 그렇게 행복하니?	_____ are you happy?
2	왜 이렇게 속상하니?	Why are you _____?
3	넌 왜 피곤하니?	Why are you _____?
4	왜냐하면 오늘이 내 생일이기 때문이야.	_____ today is my birthday.
5	게임에서 졌기 때문이에요.	Because I _____ the game.
6	공부를 많이 해서요.	Because I _____ a lot.
7	우리 강아지가 아프거든요.	Because my dog is _____.

슬쩍 읽고 넘어가는
GRAMMAR   **be동사 의문문 만들기**

먼저, be동사를 간단히 복습해요.

주어	be동사	주어	be동사	주어	be동사
I	am	You/We/They	are	He/She/It	is

[1단계: be동사 의문문 만들기] 주어와 be동사의 순서를 바꾸어요!

평서문   You are happy. 너는 행복해.   She is angry. 그녀는 화가 났어.

의문문   Are you happy? 너는 행복해?   Is she angry? 그녀는 화가 났니?

[2단계: 의문사 + be동사 의문문 만들기] be동사 의문문 앞에 **why, where, what** 등의 의문사를 붙이면 돼요!

의문사	be동사	주어	나머지	
Why	are	you	happy	
Where	am	I	–	
What	is	your name	–	**?**
How	is	the weather	–	
Who	is	she	–	

앞에서 공부한 표현을 여러 번 써 보고, 듣고 따라 말해 보세요.

1 Why are you happy?

2 Why are you excited?

3 Why are you sad?

4 Because today is my birthday.

5 Because I'm going on a picnic.

6 Because I lost my key ring.

Step 7   Write About You

다음 질문에 대한 실제 '나'의 대답을 써 보세요.

Q   Why are you happy?

When is your birthday?
언제인지 묻고 답하기

Step 1 **Key Words** 다음 단어나 표현을 듣고, 알고 있는 것에 ✔표를 해 보세요. 🎧 Day 29_01.mp3

☐	wher	언제	☐	February	2월
☐	piano concert	피아노 콘서트	☐	April	4월
☐	school festival	학교 축제	☐	May	5월
☐	sports day	운동회	☐	November	11월
☐	graduation	졸업(식)	☐	December	12월
☐	January	1월			

Step 2 **Key Expression**

When is your birthday?

⬇

[언제 / 이니 / 너의 / 생일?]

⬇

당신의 생일은 언제인가요?

어떤 행사나 일정이 언제인지 물어볼 때 When is ☐?라고 해요. ☐ 자리에 행사나 일정을 넣는데, 때에 따라 your 또는 the를 붙이기도 해요. 고유명사의 경우에는 행사 이름만 넣기도 한답니다.

➡ **When is** your piano concert? 너의 피아노 콘서트는 언제야?

When is the school festival? 학교 축제가 언제니?
When is the sports day? 운동회가 언제인가요?
When is your graduation? 너의 졸업식이 언제지?
When is Earth Day? 지구의 날이 언제죠?

TIPS 친구와 생일 이야기를 하다가 친구가 이렇게 말했어요. **My birthday already passed.** (내 생일은 이미 지났어.)
이 경우에는 "너 생일이 언제였는데?"라고 물어보는 게 자연스럽겠죠? 이럴 땐 **When is your birthday?**의 과거형으로 **When was your birthday?**를 쓰면 돼요. 방법은 아주 간단해요. be동사 **is**를 과거형인 **was**로 바꾸면 끝이에요!

When was your piano concert? 너의 피아노 콘서트는 언제였어?
When was the school festival? 학교 축제가 언제였니?
When was the sports day? 운동회가 언제였나요?
When was your graduation? 너의 졸업식이 언제였지?
When was Earth Day? 지구의 날이 언제였죠?

It's on January 18th.

[그것은 ~있다 / ~에 / 1월 / 18번째(날).]

1월 18일이야.

어떤 행사나 일정이 있는 날을 말할 때는 날짜 앞에
on을 넣어 말해요. [It's on + 날짜.] 이렇게요.

It's on February 5th. 2월 5일이야.
It's on April 22nd. 4월 22일이에요.
It's on May 31st. 5월 31일이야.
It's on November 3rd. 11월 3일이야.
It's on December 30th. 12월 30일이에요.

 What is the date today?(오늘 며칠인가요?) 등의 질문에 답할 때와 같이 단순히 날짜를 말할 때는 **It's January 18th.**
처럼 말하지만, 어떤 행사나 일정이 있는 날을 말할 때는 날짜 앞에 '~에'라는 의미의 전치사 **on**을 넣어서 **It's on January
18th.**와 같이 말해요.

 특정한 행사나 일정이 언제인지 묻고 답하는 대화에서 구체적인 날짜가 떠오르지 않아 '몇 월'인지만 말해야 하는 경우가 있어요. 그럴 때는
on이 아닌 **in**을 써서 말해요.

    A: When is your piano concert? 피아노 콘서트가 언제야?
    B: Umm... It's in April. 음... 그건 4월에 있어.

시각으로 대답하는 때도 있어요. 그럴 땐 **at**을 사용해요.

    A: When is lunchtime? 점심시간은 언제예요?
    B: It's at 12 o'clock. 12시 정각이란다.

이렇게 '일, 월, 시각'에 따라 사용하는 전치사가 **on, in, at** 등으로 달라져요.

 Day 29_02.mp3

대화의 빈칸에 알맞은 표현을 써 보세요. 들으며 답을 확인하고, 따라 말해 보세요.

            is your birthday? 너의 생일이 언제니?

            March 26th. 3월 26일이야.

            will you do on your birthday? 생일날 뭐 할 거야?

 I'll   a party! 난 파티할 거야!

 Oh, that sounds great!

우리말 뜻을 보고, 빈칸에 알맞은 영어를 <보기>에서 골라 써 보세요. 들으며 답을 확인하고, 따라 말해 보세요.

보기

It's   January   on February   is
school festival   When   November

우리말 뜻	영어 표현
1 당신의 생일은 언제입니까?	_____ is your birthday?
2 5월 31일이야.	_____ on May 31st.
3 너의 피아노 콘서트는 언제야?	When _____ your piano concert?
4 2월 5일이야.	It's _____ _____ 5th.
5 학교 축제가 언제니?	When is the _____ _____?
6 11월 3일이야.	It's on _____ 3rd.
7 1월 18일이에요.	It's on _____ 18th.

슬쩍 읽고 넘어가는
GRAMMAR 열두 달 익히기

1년은 열두 달로 구성되어 있어요. 3~4학년 때 날짜를 묻고 답하는 표현을 배우면서 달의 이름도 한 번쯤 읽어본 적이 있지요? 이번에는 달의 이름과 더 친해지기로 해요. 한 달, 한 달 천천히 소리 내어 읽어 보면서 익혀 보세요.

1월	January (Jan)	2월	February (Feb)	3월	March (Mar)	4월	April (Apr)
5월	May	6월	June	7월	July	8월	August (Aug)
9월	September (Sep)	10월	October (Oct)	11월	November (Nov)	12월	December (Dec)

달의 이름은 조금 길기 때문에 달력이나 다이어리, 시간표 등에서는 괄호( ) 안에 있는 것처럼 줄여서 쓰는 경우가 많아요. 비교적 짧은 **May**, **June**, **July**를 제외하고는 앞의 세 글자만 쓰는 형식이지요.
한 가지 더 기억해요! 달을 나타내는 단어는 고유명사예요. 그래서 항상 첫 글자를 대문자로 써야 해요.

Step 6　**Let's Write**　🎧 Day **29_04**.mp3

앞에서 공부한 표현을 여러 번 써 보고, 듣고 따라 말해 보세요.

1　When is your birthday?

2　When is Earth Day?

3　When is the school festival?

4　It's on January 18th.

5　It's on April 22nd.

6　It's on November 3rd.

Step 7　**Write About You**

다음 질문에 대한 실제 '나'의 대답을 써 보세요.

Q　When is your birthday?

It's on

Would you like to come to my show?
초대하기

Step 1 Key Words   다음 단어나 표현을 듣고, 알고 있는 것에 ✔표를 해 보세요. 🔊 Day 30_01.mp3

☐ come to   ~에 오다
☐ show   쇼, 공연
☐ birthday party   생일 파티
☐ sound   ~인 것 같다, ~처럼 들리다
☐ house   집

☐ maybe   어쩌면, 아마
☐ next time   다음번
☐ busy   바쁜
☐ that day   그날

Step 2 Key Expression

Would you like to come to my show?

⬇

[~ 해줄래 / 너는 / 좋아하다 / ~하는 것 / 오다 / ~에 / 나의 / 공연?]

⬇

내 공연에 와줄 수 있어요?

Would you like to come to □?는 누군가를 초대할 때 쓰는 정중한 표현이에요. □ 자리에는 초대하고 싶은 행사나 장소를 넣어 말해요.

Would you like to come to my birthday party**?**
내 생일 파티에 와줄래?

Would you like to come to my piano concert**?**
제 피아노 콘서트에 와주실 수 있어요?

Would you like to come to our school festival**?**
우리 학교 축제에 오실래요?

Would you like to come to my house**?**
우리 집에 올래?

Would you like to come to my graduation**?**
제 졸업식에 와주실래요?

TIPS   **Would you like to ~?**처럼 정중한 표현을 꼭 써야 하는 상황이 아니라면 **Do you want to ~?**를 활용할 수 있어요. 좀 더 친근하고 편안한 느낌을 줘서 친한 사이에서 자주 쓰여요.

     Do you want to come to my show? 내 공연에 올래?

반대로, 3~4학년 때 공부했던 **Do you want some water?**라는 표현을 **Would you like some water?**로 바꿔 쓸 수 있어요. 더 공손하고 정중한 표현이에요. 친구나 또래에게 말할 때는 **Do you want ~?**, 선생님이나 처음 만난 사람한테 말할 때는 **Would you like ~?** 이렇게 상황에 따라 바꿔 쓸 수 있어요.

I'd love to.

⬇

[나는 ~할 것이다 / 아주 좋아하다(하고 싶다) / ~하는 것을.]

⬇

저는 정말 그러고 싶어요.

초대에 대한 대답은 긍정(Yes)과 부정(No)으로 할 수 있겠지요. 일상 회화에서 많이 쓰이는 표현을 중심으로 각각 살펴볼게요.

긍정(**Yes**)	부정(**No**)
Yes, I would.　네, 그럴게요. Yes, I'd like that!　네, 좋아요! Of course!　당연하지! That sounds fun!　재밌겠다!	No, I wouldn't.　아니, 못 갈 것 같아. Sorry, I can't.　미안하지만 못 가요. Maybe next time.　다음에 갈게. I'm busy that day.　그날은 바빠.

 I'd love to.는 **I would love to.**의 줄임말이에요. **to** 뒤에는 초대받은 내용이 생략되어 있지요. 축약과 생략이 없다면 다음과 같이 대화할 거예요.

> **A: Would you like to come to my show?** 나 공연에 와줄 수 있어요?
> **B**: **I'd love to go to your show**. 네 공연에 정말 가고 싶어.

이렇게 대화하면 반복되는 부분이 많아 지루할 수 있어요. 그래서 줄여서 간단하게 **I'd love to.**(좋아! / 너무 가고 싶다.)라고 대답을 하는 거예요.

대화의 빈칸에 알맞은 표현을 써 보세요. 들으며 답을 확인하고, 따라 말해 보세요.

 My birthday is coming!

 Really? _____ is your birthday? 네 생일이 언제야?

 It's on _____ 28th. 4월 28일이야.

_____ to come to my birthday party?

내 생일 파티에 와줄래?

 Oh, _____! 오, 너무 좋지!

 Thank you.

우리말 뜻을 보고, 빈칸에 알맞은 영어를 <보기>에서 골라 써 보세요. 들으며 답을 확인하고, 따라 말해 보세요.

보기

my house   school festival   love
next time   Would you   come to   like to

우리말 뜻	영어 표현
1 제 공연에 와주실래요?	_____ _____ like to come to my show?
2 내 생일 파티에 와줄래?	Would you _____ _____ come to my birthday party?
3 제 피아노 콘서트에 와주실 수 있어요?	Would you like to _____ _____ my piano concert?
4 우리 학교 축제에 오실래요?	Would you like to come to our _____ _____?
5 우리 집에 올래?	Would you like to come to _____ _____?
6 너무 좋지.	I'd _____ to.
7 다음번에 갈게.	Maybe _____ _____.

GRAMMAR 슬쩍 읽고 넘어가는 **come vs. go**

Would you like to **come** to my show? vs. Would you like to **go** to my show?

여러분은 위의 두 문장이 어떻게 느껴지나요? **come**과 **go**는 일상 회화에서 무척 많이 쓰이는 단어예요. 그런데 서로 진행되는 방향이 반대예요. 아래 표를 볼게요.

come 오다	go 가다
출발점에서 내가 있는 곳으로 다가오는 느낌 ➡ 내가 있는 쪽으로!	내가 있는 곳에서 목적지를 향해 이동하는 느낌 ➡ 나로부터 목적지 쪽으로!
Would you like to come to my show? 내 공연에 와줄래? ➡ 상대방을 내 쪽(공연이 열리는 곳)으로 초대할 때 What time do you come to school? 넌 학교에 몇 시에 오니? ➡ 묻는 사람이 학교에 있는 상태 (예: 선생님이 학생에게)	Would you like to go to my show? 내 공연에 가줄래? ➡ 초대보다는 덜 적극적인 느낌으로 내가 공연에 있을 수도 있고 없을 수도 있다는 느낌 What time do you go to school? 넌 학교에 몇 시에 가니? ➡ 묻는 사람이 학교 밖에 있는 상태 (예: 아침에 집에서 엄마가 아이에게)

앞에서 공부한 표현을 여러 번 써 보고, 듣고 따라 말해 보세요.

1   Would you like to come to my show?

2   Would you like to come to my graduation?

3   Would you like to come to our school festival?

4   I'd love to.

5   Maybe next time.

6   Sorry, I can't.

Step 7   **Write About You**

여러분의 특별한 행사를 떠올려 친구에게 건넬 초대의 말을 써 보세요.

Would you like to come to   ?

Invitation Card

초대장

A Let's Read 어떤 내용인지 생각하며 다음 초대장을 소리 내어 읽어 보세요.

Dear friends,

Hello, everyone!
I'm so excited because I'm going to have a party!

Would you like to come to my birthday party?

*When: It's on October 21st.
*Where: At my house!

See you then, everyone.
Thank you.

Love,
Jenny

B Check Check 위의 글을 다시 읽고, 아래 물음에 답해 보세요.

1 Why is Jenny so excited? Jenny는 왜 신이 났을까요?

➡ Because she's going to _____ .

2 When is Jenny's birthday party? Jenny의 생일 파티는 언제인가요?

➡ It's on _____ .

3 Where will Jenny's birthday party be? Jenny의 생일 파티는 어디에서 있을 예정인가요?

➡ Her birthday party will be _____ her _____ .

4 What did Jenny say to invite her friends? Jenny는 친구들을 초대하기 위해 뭐라고 말했나요?

➡

초대장 만들기

Invitation Card

왼쪽 글을 참고하여 '초대장'을 만들려고 합니다. 자신이 초대하고 싶은 이벤트를 떠올려 빈칸에 관련된 내용을 영어 또는 한글로 써 보세요. (이번 챕터에서 공부했던 표현들을 활용하세요!)

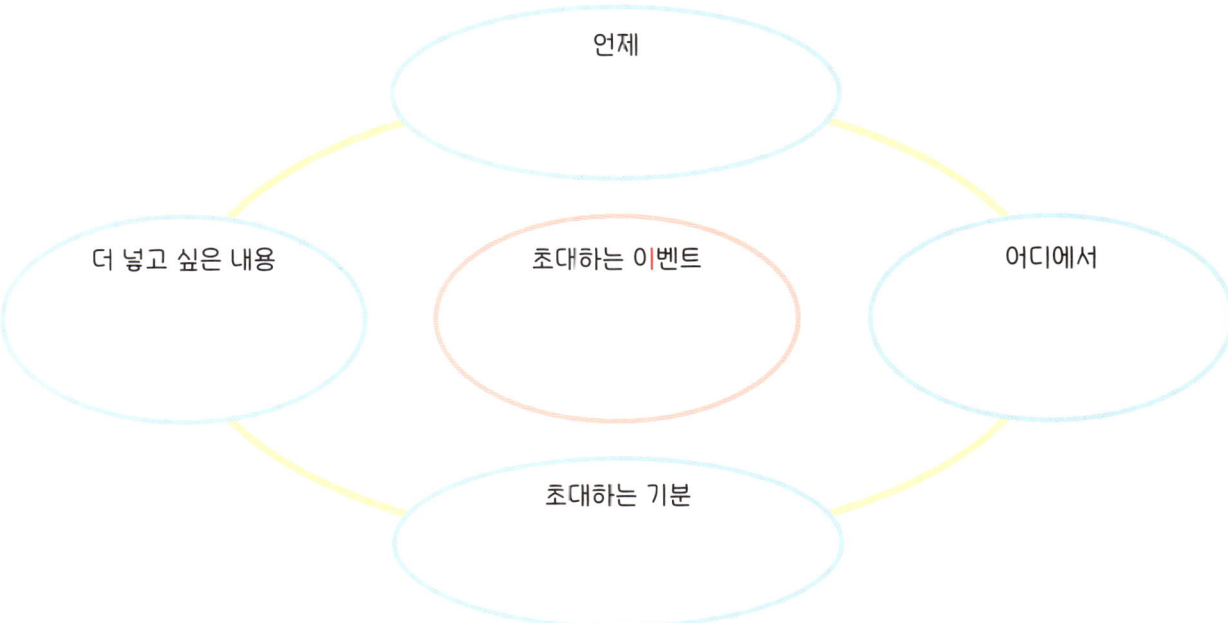

위에 정리한 내용을 바탕으로 초대장을 만들어 보세요.

I'm so excited because there are funny days!

어머, 이런 날도 있어?

영어권에서는 재미와 참여 중심의 다양한 '~ Day'를 많이 만들어요. National ~ Day, World ~ Day처럼 이름은 다양하지만 실제로는 공식 공휴일이 아닌 경우가 대부분이에요. 학교나 SNS에서 축제, 캠페인, 놀이 활동으로 즐기며 참여하고 있답니다. 그럼, 재미있고 특별한 날들을 함께 살펴볼까요?

1 Pi Day: March 14th

원주율(π: 파이)을 기념하는 날로 수학을 즐기는 날이에요. 미국에서는 발음이 같은 음식인 파이(pie, 🥧)를 함께 먹으며 재미있게 기념한답니다.

2 National Donut Day: First Friday in June

도넛을 즐기는 날로, 미국의 일부 도넛 가게에서는 이날 무료 도넛을 제공하기도 해요.

3 National Siblings Day: April 10th

형제자매(siblings)에게 감사하고 사랑을 표현하는 날이에요.

4 World Penguin Day: April 25th

펭귄을 보호하고 기념하기 위해 만든 날이에요.

5 World Emoji Day: July 17th

이모지 사용을 기념하는 날로, SNS에서는 다양한 이모지 캠페인도 펼쳐요.

Chapter
11

My Opinion
나의 의견

이 챕터를 공부하면...

• 감탄하는 말 하기
• 비교급으로 묻고 답하기
• 의견 표현하기

등을 익혀 '다섯 고개 퀴즈'를 낼 수 있어요!

What a beautiful day!
감탄하는 말 하기

공부한 날짜

월   일

Step 1 Key Words 다음 단어나 표현을 듣고, 알고 있는 것에 ✔표를 해 보세요. 🎧 Day 31_01.mp3

- [ ] beautiful   아름다운
- [ ] cute   귀여운
- [ ] puppy   강아지
- [ ] big   큰

- [ ] cake   케이크
- [ ] movie   영화
- [ ] funny   재미있는, 웃기는
- [ ] nice   좋은, 멋진

Step 2 Key Expression

What a beautiful day!
⬇
[무엇 / 하나의 / 아름다운 / 날!]
⬇
정말 아름다운 날이야! / 와, 날씨 너무 좋다!

'와, 정말 ~하다!'와 같이 감탄하는 말을 할 때 [What a/an (+ 형용사) + 명사!]라고 해요. 형용사는 넣어도 좋고 넣지 않아도 괜찮아요.

➡

What a cute puppy! 와, 강아지 정말 귀엽다!
What a big cake! 엄청 큰 케이크다!
What a funny movie! 진짜 웃긴 영화야!
What an exciting game! 아주 재미있는 게임이네!
What a nice story! 정말 멋진 이야기야!

 What으로 어느 대상에 대한 놀라움이나 강한 감정을 나타내는 감탄문을 만들 수 있어요. 그런데 위에서 공부한 **What a cute puppy!** 같이 형용사와 명사를 사용해 감탄문을 만들 수 있지만, **What a puppy!**처럼 형용사(cute)를 안 써도 감탄하는 뜻이 될 수 있어요. 이럴 땐 "와, 강아지다!"라는 뜻으로 놀라움이나 반가움 등의 감정을 나타낼 수 있는 거죠. 그리고 이런 문장에는 사실 **it is**나 **he is**와 같은 말이 숨어 있어요.

What a cute puppy it is! 그거 엄청 귀여운 강아지네!
What a cute baby he is! 그 아기 진짜 귀엽다!

말할 때는 생략해서 짧게 말하지만, 원래의 문장 전체에는 이렇게 주어와 동사가 포함되어 있어요. 이런 식으로 뒤에 **it is**나 he is가 생략되어 있다는 것을 알고 있으면 문장을 더 잘 이해할 수 있어요.

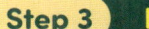

Step 3 **Learn More**

How beautiful!

[얼마나 / 아름다운!]

어찌나 아름다운지! / 정말 아름답다!

'어찌나 ~한지!' 또는 '정말 ~하다!'와 같이 감탄하는 말을 할 때 [How + 형용사!]로 표현할 수 있어요.

How cute! 진짜 귀여워!
How big! 완전 크다!
How funny! 정말 웃겨!
How exciting! 완전 재미있어!
How nice! 진짜 멋지다!

 How가 들어간 감탄문에도 주어와 동사가 숨어 있어요.

How cute you are! 너 엄청 귀엽구나!
How big it is! 그거 엄청 크다!

이렇게 온전한 문장으로 말할 수도 있죠. 평소 말할 때는 보통 **How cute!**나 **How big!**처럼 짧게 말하지만, 원래의 문장은 **you are**, **it is** 같은 주어와 동사가 들어 있는 문장이에요.

 놀라움이나 감정을 강하게 나타내는 감탄문의 두 가지 형태를 공부했어요. [**What**(무엇) + **a/an** (+ 형용사) + 명사!]는 명사에 초점을 맞추고 싶을 때 쓰고, [**How**(어떻게, 얼마나) + 형용사!]는 형용사에 초점을 맞추고 싶을 때 쓴다고 이해하면 쉬워요.

진짜 추운 날이야! ➩ **What a cold day!**   진짜 추워! ➩ **How cold!**

Step 4 **Write & Say**    Day 31_02.mp3

대화의 빈칸에 알맞은 표현을 써 보세요. 들으며 답을 확인하고, 따라 말해 보세요.

 Look outside! It's sunny!

 What a   ! 정말 아름다운 날이다!

 Yes, it's so beautiful.

 Why don't we   ?

우리 소풍가지 않을래?

 That's a great idea! How   ! 너무 신나!

우리말 뜻을 보고, 빈칸에 알맞은 영어를 <보기>에서 골라 써 보세요. 들으며 답을 확인하고, 따라 말해 보세요.

보기	big	game	What a
	nice story	How	cake	funny

	우리말 뜻	영어 표현
1	정말 아름다운 날이야!	_____ _____ beautiful day!
2	엄청 큰 케이크다!	What a big _____!
3	아주 재미있는 게임이네!	What an exciting _____!
4	정말 멋진 이야기야!	What a _____ _____!
5	진짜 귀여워!	_____ cute!
6	완전 크다!	How _____!
7	정말 웃겨!	How _____!

슬쩍 읽고 넘어가는 GRAMMAR 감탄문

감탄문이란 '감정을 강조한 문장'이에요. 주로 놀라움이나 감탄을 표출하지요. 대표적으로는 'What으로 시작하는 감탄문'과 'How로 시작하는 감탄문'이 있어요.

What + a/an (+ 형용사) + 명사!	How + 형용사!
What은 '무엇'이라는 뜻으로, 명사에 초점을 맞춘 감탄문이에요.	How는 '얼마나'라는 뜻으로, 형용사(느낌) 자체에 초점을 두는 감탄문이에요.
What a cute puppy! 진짜 귀여운 강아지야! ⇨ 강아지 자체에 감탄!	How cute! 진짜 귀여워! ⇨ 귀여운 상태에 감탄!

두 감탄문 모두 주어와 동사가 생략되어 있다는 것, 기억하고 있나요?

What + a/an (+ 형용사) + 명사!	How + 형용사!
It's a very big cake. 그것은 엄청 큰 케이크야. ⇨ What a big cake (it is)! 와, 진짜 완전 큰 케이크다!	He is very nice. 그 남자는 매우 성격이 좋아. ⇨ How nice (he is)! 와, 진짜 성격 좋다!

이렇게 평서문으로 말하면 사실을 전하는 느낌이라 조금 단조롭고 담백하게 들릴 수 있어요. 하지만 감탄문을 쓰면 감정과 느낌을 더욱 생생하게 전달할 수 있답니다.

174

앞에서 공부한 표현을 여러 번 써 보고, 듣고 따라 말해 보세요.

1   What a beautiful day!

2   What a cute puppy!

3   What an exciting game!

4   How beautiful!

5   How cute!

6   How exciting!

Step 7   Write About You

최근에 감탄했던 일을 떠올려 보고, 그때 내가 했던 말을 영어로 하면 어떻게 표현할 수 있을지 써 보세요.

What a

How

DAY 32

Which is faster, a lion or a tiger?
비교급으로 묻고 답하기

공부한 날짜

월   일

Step 1   Key Words   다음 단어나 표현을 듣고, 알고 있는 것에 ✔표를 해 보세요. 🎧 Day 32_01.mp3

☐ fast (faster)   빠른 (더 빠른)   ☐ than   ~보다
☐ heavy (heavier)   무거운 (더 무거운)   ☐ lion   사자
☐ smart (smarter)   똑똑한 (더 똑똑한)   ☐ tiger   호랑이
☐ long (longer)   긴 (더 긴)   ☐ blue whale   흰긴수염고래
☐ tall (taller)   키가 큰 (키가 더 큰)   ☐ shark   상어
☐ strong (stronger)   힘이 센 (힘이 더 센)   ☐ dolphin   돌고래

* 괄호( ) 안은 비교급

Step 2   Key Expression

Which is faster, a lion or a tiger?

⬇

[어느 쪽 / ~이니 / 더 빠른 / 하나의 / 사자 / 또는 / 하나의 / 호랑이?]

⬇

사자와 호랑이 중에 누가 더 빠른가요?

'A와 B 중에 어느 것이 더 ~하니?'라고 두 가지를 비교하여 물을 때 [Which (one) is + 비교급, *A* or *B*?]라고 해요. 동물, 물건, 사람 등 다양한 대상을 비교할 때 자주 쓰는 표현이지만 사람을 비교할 때는 who를 활용하는 것이 더 자연스러워요.

Which is heavier, a blue whale **or a shark?**
흰긴수염고래와 상어 중에 누가 더 무거운가요?

Which one is smarter, a dog **or a dolphin?**
개와 돌고래 중에 누가 더 똑똑할까?

Which one is longer, a pencil **or a pen?**
연필과 펜 중에 어떤 게 더 길지?

Who is taller, Emily **or Jake?**
Emily와 Jake 중에 누가 더 크지?

Who is stronger, me **or you?**
너랑 나 중에 누가 더 힘이 세지?

 '빠른'이라는 뜻의 **fast**에 -er이 붙으면 **faster**가 되어 '더 빠른'이라는 뜻이 돼요. 이렇게 형용사 뒤에 **-er**을 붙여서 '더 ~한'이라는 뜻으로 만든 형용사의 형태를 '비교급'이라고 해요. 비교급은 두 대상을 비교할 때 써요.

176

A lion is faster than a tiger.

[하나의 / 사자 / ~이다 / 더 빠른 / ~보다 / 하나의 / 호랑이.]

사자가 호랑이보다 더 빨라요.

비교급 문장에서는 사람뿐 아니라 사물이나 다른 대상도 주어가 될 수 있어요. 이 경우에도 [주어 + be동사 + 비교급 + than + 비교 대상] 구조는 변하지 않아요.

A blue whale is heavier than a shark.
흰긴수염고래가 상어보다 더 무겁습니다.

A dolphin is smarter than a dog.
돌고래가 개보다 더 똑똑해.

A pencil is longer than a pen.
연필이 펜보다 더 길어요.

Jake is taller than Emily. Jake는 Emily보다 키가 더 커.

I am stronger than you! 내가 너보다 힘이 더 세지!

A lion is faster than a tiger. 는 '사자가 호랑이보다 빠르다'라는 뜻이지요. 여기서 중요한 건, 사자의 빠르기를 판단하는 기준이 호랑이라는 거예요. 사자 혼자 달릴 때는 빠른지, 느린지 잘 모르죠. 그런데 호랑이랑 같이 달리기 시합을 하면 "오, 사자가 호랑이보다 빠르네!" 하고 알 수 있어요. 즉, 사자의 빠르기는 **than** 뒤에 나오는 호랑이를 기준으로 비교한 거예요. '누구보다 더 ~하다'할 때는 그 '누구'를 **than** 뒤에 넣는다는 사실을 기억해요.

대화의 빈칸에 알맞은 표현을 써 보세요. 들으며 답을 확인하고, 따라 말해 보세요.

 Look at this! A lion is _____ a tiger. 사자가 호랑이보다 더 빠르네.

 Oh, that's interesting.

 Then, _____ faster, me or you? 그러면, 너와 나 중에는 누가 더 빠를까?

 I am faster _____! 내가 너보다 더 빠르지!

 No way! Let's have a race!

우리말 뜻을 보고, 빈칸에 알맞은 영어를 <보기>에서 골라 써 보세요. 들으며 답을 확인하고, 따라 말해 보세요.

보기	taller than	Which	Which one	heavier
	or	smarter	stronger	Who

	우리말 뜻	영어 표현
1	흰긴수염고래와 상어 중에 어느 쪽이 더 무거울까?	_____ is heavier, a blue whale _____ a shark?
2	흰긴수염고래가 상어보다 더 무거워.	A blue whale is _____ than a shark.
3	개랑 돌고래 중에 어느 것이 더 똑똑할까?	_____ _____ is smarter, a dog or a dolphin?
4	돌고래가 개보다 더 똑똑합니다.	A dolphin is _____ than a dog.
5	Emily와 Jake 중에 누가 더 키가 크니?	_____ is taller, Emily or Jake?
6	Jake가 Emily보다 더 키가 커.	Jake is _____ _____ Emily.
7	나는 너보다 더 힘이 세단다.	I am _____ than you.

슬쩍 읽고 넘어가는 GRAMMAR 비교급 만들기

어떤 대상들을 비교할 때 '더'를 붙여 말하죠. '더 빠른', '더 힘이 센' 이런 식으로요. 이렇게 어떤 정도가 더한 것을 나타내는 형용사의 변화를 '비교급'이라고 해요. '나는 너보다 더 힘이 세.'와 같이 비교해서 말할 때 비교급 단어가 필요한 것이지요.
비교급을 만드는 방법은 크게 두 가지예요.

① -er 붙이기	아래 경우를 제외한 대부분의 경우	-er 붙이기	fast ⇨ faster strong ⇨ stronger
	e로 끝나는 단어	-r만 붙이기	nice ⇨ nicer
	y로 끝나는 단어	y를 i로 바꾼 후 -er 붙이기	easy ⇨ easier
	'단모음 + 단자음'으로 끝나는 단어	자음을 한 번 더 쓴 후 -er 붙이기	big ⇨ bigger
② more 붙이기	긴 형용사일 때(보통 3음절 이상)	형용사 앞에 more 붙이기	more beautiful more interesting

그 외에 규칙이 적용되지 않는 경우도 있어요. 대표적으로 여러분이 많이 알고 있는 **good**(좋은)의 비교급은 **better**(더 좋은)예요. 나중에 공부하게 될 **good**의 최상급은 **best**(가장 좋은, 최고의)랍니다.

Step 6   Let's Write   🎧 Day 32_04.mp3

앞에서 공부한 표현을 여러 번 써 보고, 듣고 따라 말해 보세요.

1   Which is faster, a lion or a tiger?

2   Which one is smarter, a dog or a dolphin?

3   Who is stronger, me or you?

4   A lion is faster than a tiger.

5   A dolphin is smarter than a dog.

6   I am stronger than you.

Step 7   Write About You

다음 질문에 대한 실제 '나'의 대답을 써 보세요.

Q   Which is more interesting, a comic book or a game?

I think she's kind.
의견 표현하기

공부한 날짜

월   일

Step 1   **Key Words**   다음 단어나 표현을 듣고, 알고 있는 것에 ✔표를 해 보세요. 🎧 Day 33_01.mp3

☐ think   (~라고) 생각하다   ☐ do not(= don't)   ~하지 않다

☐ kind   친절한   ☐ so   그렇게

☐ difficult   어려운

Step 2   **Key Expression**

I think she's kind.
⬇
[나는 / 생각한다 / 그녀가 ~이다 / 친절한.]
⬇
나는 그녀가 친절하다고 생각해.

자신의 의견을 말할 때 '난 ~하다고 생각해' 또는 '난 ~인 것 같아'라고 하지요. 영어로는 [I think + 주어 + 동사 ~.]로 표현해요.

I think he is nice. 나는 그가 좋은 사람이라고 생각해.

I think it's a good idea. 그건 좋은 생각인 것 같아.

I think it's difficult. 난 그게 어렵다고 생각해.

I think Emily is taller than Jake.
나는 Emily가 Jake보다 키가 더 큰 것 같아.

I think a lion is faster than a tiger.
저는 사자가 호랑이보다 더 빠르다고 생각합니다.

 '난 ~하다고 생각해', '내 생각에는 ~한 것 같아'라는 뜻의 문장 [I think + 주어 + 동사 ~.]는 두 문장을 연결해 하나의 문장으로 만든 거예요. 즉, '나는 생각해'와 '그녀는 친절해', 이 두 문장을 하나로 합쳐 **I think she is kind.**(나는 그녀가 친절하다고 생각해.)가 되는 거예요.

TIPS   지금까지 공부한 다양한 표현을 자신의 '의견 말하기'로 바꾸어 볼게요.

공부한 날	이미 공부한 표현(평서문)	의견 말하기
DAY 05	It's mine.	I think it's mine.
DAY 08	She looks like a model.	I think she looks like a model.
DAY 13	It's a special day for the Earth.	I think it's a special day for the Earth.
DAY 20	You should drink some water	I think you should drink some water.
DAY 24	It's salty.	I think it's salty.
DAY 32	Emily is faster than Jake.	I think Emily is faster than Jake.

I think를 붙인 문장과 그렇지 않은 문장에는 어떤 차이가 있을까요? 평서문은 말하는 사람이 확신을 가지고 사실처럼 말할 때 써요. 하지만 **I think**를 붙이면 '내 생각엔 ~인 것 같아'처럼 조금 부드럽고 조심스러운 느낌을 담을 수 있어요. 그러니 확신이 조금 부족하거나, 내 의견을 조심스럽게 말하고 싶다면 **I think**를 붙여서 말하면 좋겠죠.

Step 3   Learn More

I don't think she's kind.

[나는 / ~하지 않다 / 생각하다 / 그녀는 ~이다 / 친절한.]

나는 그녀가 친절한 것 같지 않아.

부정(~이 아니다)의 의미가 담긴 의견을 말할 때 '난 ~하다고 생각하지 않아'라고 하지요. 영어로는 [I don't think + 주어 + 동사 ~.]로 표현해요.

➡ I don't think he is nice. 나는 그가 좋은 사람인 것 같지 않아.
I don't think it's a good idea. 그건 좋은 생각이 아닌 것 같아.
I don't think it's difficult. 난 그게 어렵다고 생각하지 않아.
I don't think Emily is taller than Jake.
나는 Emily가 Jake보다 키가 크다고 생각하지 않아.
I don't think a lion is faster than a tiger.
저는 사자가 호랑이보다 더 빠르다고 생각하지 않습니다.

영어에서는 부정 표현(**not**)을 보통 앞쪽에 먼저 써요. 그래서 **I think it's not a good idea.**보다는 **I don't think it's a good idea.**와 같이 말하는 것이 훨씬 더 자연스럽고 자주 쓰여요.

TIPS 친구의 의견을 물어보고 싶거나, 어떤 상황에 대해 서로 생각을 나눌 때 자주 쓰는 표현이 있어요. 바로 **What do you think?**(너는 뭐라고 생각해?)예요. 이 표현은 때에 따라 상대방이 동의하는지 물을 때도 사용돼요. 그럴 때는 이렇게 대답할 수 있어요.

긍정	I think so. 나도 그렇게 생각해.	부정	I don't think so. 나는 그렇게 생각하지 않아.

Step 4   Write & Say   🔊 Day 33_02.mp3

대화의 빈칸에 알맞은 표현을 써 보세요. 들으며 답을 확인하고, 따라 말해 보세요.

 Let's play the mobile game together!

 _____ it's a good idea. 난 좋은 생각인 것 같아.

 What do you _____, Judy? 넌 어떻게 생각해, Judy야?

 Umm... I _____ think so. 음... 난 그렇게 생각하지 않아. **Why don't we play soccer?**

 That's good, too!

 Okay. I think _____ fun. 재미있을 것 같아.

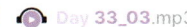

우리말 뜻을 보고, 빈칸에 알맞은 영어를 <보기>에서 골라 써 보세요. 들으며 답을 확인하고, 따라 말해 보세요.

보기	

taller than　　I think

he is　　it's　　don't　　difficult　　she's

	우리말 뜻	영어 표현
1	그녀는 친절한 것 같아.	_____ _____ she's kind.
2	난 좋은 생각이라고 생각해.	I think _____ a good idea.
3	어려운 것 같아.	I think it's _____.
4	Emily가 Jake보다 키가 더 큰 것 같아.	I think Emily is _____ _____ Jake.
5	나는 그가 좋은 사람이라고 생각하지 않아.	I don't think _____ _____ nice.
6	난 사자가 호랑이보다 더 빠르다고 생각하지 않아.	I _____ think a lion is faster than a tiger.
7	그녀는 친절하지 않은 것 같아.	I don't think _____ kind.

 **GRAMMAR** 복합문

우리가 말할 때 "그녀는 친절해."처럼 한 가지 말만 하는 경우가 있고, '나는 생각해.'와 '그녀는 친절해.'의 두 가지 생각을 하나로 이어서 말하는 때도 있어요. 이 두 문장을 하나로 합치면 "난 그녀가 친절하다고 생각해."가 되고, 영어로는 **I think she's kind.**라고 하지요. 이런 문장을 '복합문'이라고 해요. 한 문장 안에 '누가(주어) ~하다(동사)'가 두 번 들어 있어요.

　　　나는 생각해. + 그건 어려워.
　　　⇨ **I think it's difficult.** 나는 그게 어렵다고 생각해.
　　　나는 알아. + 너는 똑똑해.
　　　⇨ **I know you are smart.** 나는 네가 똑똑한 거 알아.

문장을 연결하는 방법, 어렵지 않죠? 여러분도 다양한 복합문을 만들어 활용해 보세요. 전달하고 싶은 말을 더욱 세심하게 전달할 수 있어요.

앞에서 공부한 표현을 여러 번 써 보고, 듣고 따라 말해 보세요.

1   I think she's kind.

2   I think it's a good idea.

3   I think Emily is taller than Jake.

4   I don't think she's kind.

5   I don't think it's a good idea.

6   I don't think Emily is taller than Jake.

Step 7   Write About You

다음 질문에 대한 실제 '나'의 대답을 써 보세요.

Q   A panda is cuter than a koala. What do you think?

Five Clues Quiz

다섯 고개 퀴즈

A **Let's Read** 어떤 내용인지 생각하며 다음 다섯 고개 퀴즈를 소리 내어 읽어 보세요.

How Fun!

CLUE 1 People say "What a cute animal!"
CLUE 2 It's faster than a turtle.
CLUE 3 It's smaller than most dogs.
CLUE 4 It's bigger than a rabbit.
CLUE 5 I think it likes to sleep a lot.

What is the answer?

TIPS
clue 단서, 힌트
most 대부분의, 가장
rabbit 토끼
sleep (잠)자다

B **Check Check** 위의 글을 다시 읽고, 아래 물음에 답해 보세요.

1 What do people say about this animal? 이 동물을 보고 사람들이 뭐라고 말하나요?

➡   !

2 What is it like? 특징이 어떤가요?

➡ It's   than a turtle. It's   than most dogs.

It's   than a rabbit

3 What does it like to do? 그것은 무엇을 하는 걸 좋아하나요?

➡ It likes to   .

4 What do you think the answer is? 정답이 뭐라고 생각하나요?

➡ I think it is   .

184

Writing
Time

다섯 고개 퀴즈 만들기

Five Clues Quiz

왼쪽 글을 참고하여 '다섯 고개 퀴즈'를 만들려고 합니다. 무엇에 대한 퀴즈를 낼지 정한 후 빈칸에 영어 또는 한글로 적어 보세요. (이번 챕터에서 공부했던 표현들을 활용하세요!)

감탄문
힌트

비교 문장
힌트

의견 제시
힌트

위에 정리한 내용을 바탕으로 다섯 고개 퀴즈를 만들어 보세요.

How Fun!

What is the answer?

What an interesting world!

여러분은 알고 있었나요?

1 The blue whale is bigger than any dinosaur.
흰긴수염고래는 어떤 공룡들보다도 더 크답니다!

* dinosaur 공룡

2 A gorilla is stronger than a human.
고릴라가 사람보다 힘이 더 세다는 사실, 알고 있었나요?

* gorilla 고릴라

3 A cheetah is faster than a car in the city.
치타가 도시에서 달리는 자동차보다 빠르다니, 놀랍네요!

* cheetah 치타

4 Antarctica is colder than the North Pole.
대부분의 학생은 북극이 남극보다 더 추울 거라고 착각한
대요! 하지만 남극이 북극보다 더 춥대요.

* Antarctica 남극 대륙
the North Pole 북극

Chapter

12

My Dream
나의 장래 희망

이 챕터를 공부하면...

- 장래 희망 묻고 답하기
- 하고 싶은 일 묻고 답하기
- 잘하는 일과 좋아하는 일 말하기

등을 익혀 '장래 희망을 소개하는 글'을 쓸 수 있어요!

DAY 34

What do you want to be?
장래 희망 묻고 답하기

Step 1 Key Words   다음 단어나 표현을 듣고, 알고 있는 것에 ✔표를 해 보세요. 🎧 Day 34_01.mp3

☐	want	원하다	☐	writer	작가
☐	be	되다	☐	singer	가수
☐	in the future	미래에	☐	chef	요리사
☐	robot scientist	로봇 과학자	☐	vet	수의사
☐	animator	만화영화 제작자	☐	yet	아직

Step 2 Key Expression

What do you want to be?

⬇

[무엇 / – / 너는 / 원하니 / ~하기를 / 되다?]

⬇

넌 뭐가 되고 싶니?

'너는 무엇이 되고 싶니?'라는 뜻의 가장 기본적인 질문이 What do you want to be?예요. 이 문장에서 be는 '되다'라는 뜻으로 쓰였어요. to be는 '되기를'로 해석하여 '너는 무엇이 되기를 원하니?', 의역하면 '넌 뭐가 되고 싶니?'가 되는 것이죠.

 What do you want?는 3~4학년 때 공부한 표현이에요. 이 뒤에 [to + 동사원형]을 덧붙여서 질문을 조금 더 구체화할 수 있어요. 오늘 표현인 **What do you want to be?**에서는 **to be**를 덧붙여서 '되기'의 의미를 더했죠. 즉, '너는 무엇이 되기를 원하니?' 이렇게요.

여기에 **to do**(하기)를 넣으면 **What do you want to do?**(무엇을 하길 원하니?)가 되고, **to eat**(먹기)을 넣으면 **What do you want to eat?**이 되어 '무엇을 먹기를 원하니?'가 된답니다. 이처럼 **What do you want?** 뒤에 [to + 동사원형]을 붙이면 하고 싶은 일이나 바라는 일을 더 자세히 묻고 답할 수 있어요.

TIPS 장래 희망을 묻는 표현을 몇 가지 더 알아볼게요.

① **What do you want to be in the future?** 미래에 무엇이 되고 싶니?
   ⇨ 오늘 공부한 문장에 **in the future**를 붙여도 자연스러워요.

② **What is your dream job?** 너의 꿈의 직업이 뭐니?
   ⇨ 아주 흔하게 쓰이는 표현으로, **dream job**은 꿈꾸는 직업 즉, '장래 희망'이라는 뜻이에요.

③ **What do you want to be when you grow up?** 너는 자라서 뭐가 되고 싶니?
   ⇨ 영어권에서 아이들이 자주 듣는 표현 중 하나예요.

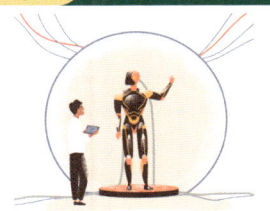

I want to be a robot scientist.

[나는 / 원한다 / ~하기를 / 되다 / 한 명의 / 로봇 / 과학자.]

저는 로봇 과학자가 되고 싶어요.

내가 되고 싶은 직업을 말할 때 I want to be a/an □.라고 말해요. □ 자리에 직업 이름을 넣어요.

I want to be an animator. 난 만화영화 제작자가 되고 싶다.
I want to be a writer. 나는 작가가 되고 싶어요.
I want to be a singer. 저는 가수가 되고 싶습니다.
I want to be a chef. 저는 요리사가 되고 싶어요.
I want to be a vet. 난 수의사가 되고 싶어.

 직업을 나타내는 단어는 셀 수 있는 명사라 그 앞에 **a/an**을 붙여 말해요. 수의사는 본래 **veterinarian**이지만, 길고 발음하기 어려운 단어라 영어권 사람들은 일상 대화에서 **vet**라고 간단하게 줄여서 말하는 걸 선호해요.

 이 외에도 최근 몇 년간 한국과 영어권 국가 모두에서 꾸준히 인기 있는 몇 가지 직업의 영어 표현을 살펴볼게요.

doctor 의사	Youtuber 유튜버
teacher 교사	webtoon artist 웹툰 작가
police officer 경찰관	athlete / sports player 운동선수

혹시, 아직 장래 희망을 결정하지 못했나요? 그것도 괜찮아요. 아직 없을 수 있죠. 그럴 땐 자연스럽게 다음과 같이 말할 수 있어요.

I don't know yet. 아직은 모르겠어요.
I'm not sure yet. 저는 아직 확실하지가 않아요.
I don't have a dream job yet. 저는 아직 장래 희망이 없어요.

대화의 빈칸에 알맞은 표현을 써 보세요. 들으며 답을 확인하고, 따라 말해 보세요.

 What do you  ? 넌 무엇이 되고 싶니?

 I want to be a robot _____. 난 로봇 과학자가 되고 싶어.

 What is your _____ subject? 넌 어떤 과목을 제일 좋아해?

 My favorite subject is _____. 난 수학이 제일 좋아.

 Wow, that's cool!

우리말 뜻을 보고, 빈칸에 알맞은 영어를 <보기>에서 골라 써 보세요. 들으며 답을 확인하고, 따라 말해 보세요.

보기

in the future   chef   writer   robot scientist
vet   want to be   animator

	우리말 뜻	영어 표현
1	당신은 무엇이 되기를 원하나요?	What do you _____ _____ _____?
2	저는 요리사가 되길 원해요.	I want to be a _____.
3	저는 로봇 과학자가 되고 싶어요.	I want to be a _____ _____.
4	난 작가가 되고 싶어.	I want to be a _____.
5	난 수의사가 되고 싶단다.	I want to be a _____.
6	넌 미래에 뭐가 되고 싶니?	What do you want to be _____ _____ _____?
7	난 만화영화 제작자가 되고 싶어.	I want to be an _____.

슬쩍 읽고 넘어가는 GRAMMAR 직업 이름(~하는 사람) 만들기

우리가 영어로 직업 이름이나 '~하는 사람'을 말하고 싶을 때 단어 뒤에 특별한 꼬리말을 붙이면 간단하게 만들어지는 경우가 많아요. 그중에서 자주 쓰이는 꼬리말은 -er/or, -ist예요.

동사	+ er/or	명사	+ ist
write 쓰다	writer 작가	piano 피아노	pianist 피아노 연주자
teach 가르치다	teacher 교사	violin 바이올린	violinist 바이올린 연주자
sing 노래하다	singer 가수	science 과학	scientist 과학자
act 연기하다	actor 연기자/배우	art 예술	artist 예술가

모든 직업을 나타내는 말에 적용되는 규칙은 아니지만 우리가 아는 많은 직업 이름에 적용된답니다. 규칙을 알고 나면 단어를 익히기가 더욱 수월할 거예요.

앞에서 공부한 표현을 여러 번 써 보고, 듣고 따라 말해 보세요.

1 What do you want to be?

2 What do you want to be in the future?

3 I want to be an animator.

4 I want to be a writer.

5 I want to be a singer.

6 I want to be a chef.

Step 7 **Write About You**

다음 질문에 대한 실제 '나'의 대답을 써 보세요.

Q   What do you want to be in the future?

DAY 35

What do you want to do?
하고 싶은 일 묻고 답하기

Step 1 **Key Words**   다음 단어나 표현을 듣고, 알고 있는 것에 ✔표를 해 보세요.   🔊 Day 35_01.mp3

- [ ] as — ~로서
- [ ] make — 만들다
- [ ] smart robot — 스마트(똑똑한) 로봇
- [ ] fun cartoon — 재미있는 만화영화
- [ ] write — 쓰다
- [ ] interesting story — 재미있는 이야기

- [ ] sing — 노래하다
- [ ] on a big stage — 큰 무대에서
- [ ] cook — 요리하다
- [ ] help — 돕다
- [ ] sick animal — 아픈 동물

Step 2 **Key Expression**

What do you want to do?

⬇

[무엇 / – / 너는 / 원하니 / ~하기를 / 하다?]

⬇

당신은 무엇을 하고 싶어요?

장래 희망을 묻고 답하는 과정에서 What do you want to do?라고 하면 '그 꿈을 이루어서 궁극적으로 하고 싶은 일'이 무엇인지 물어볼 수 있어요. 문장 뒤에 [as a/an + 직업]을 넣어서 '그 직업인으로서'라는 말을 덧붙여도 자연스러워요. 예를 들면 What do you want to do as a vet?(수의사로서 무엇을 하고 싶나요?)와 같이 쓸 수 있겠죠.

TIPS   What do you want to do?는 실제 회화에서 정말 자주 쓰이는 표현이에요. 위의 상황 외에 **What do you want to do?**가 자연스럽게 쓰이는 상황을 살펴볼게요.

① 친구랑 무엇을 하며 놀지 정하기	② 방과후 시간에 뭘 하고 싶은지 묻기
A: What do you want to do? B: I want to play soccer.	A: What do you want to do? B: I want to ride my bike.
③ 생일 파티나 특별한 날에	④ 여름 방학 계획 세울 때
A: It's your birthday! What do you want to do? B: I want to eat pizza.	A: What do you want to do this summer? B: I want to travel.

I want to make smart robots.

[나는 / 원하다 / ~하기를 / 만들다 / 스마트(똑똑한) / 로봇.]

저는 스마트(똑똑한) 로봇을 만들고 싶어요.

자신이 하고 싶은 일을 말할 때 I want to ☐.라고 해요. ☐ 자리에는 하고 싶은 일을 넣는데 일반적으로 [동사 + (형용사 +) 명사] 형태로 와요.

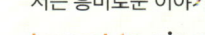

I want to **make fun cartoons.**
난 재미있는 만화영화를 만들고 싶어.

I want to **write interesting stories.**
저는 흥미로운 이야기를 쓰고 싶어요.

I want to **sing songs on a big stage.**
나는 큰 무대에서 노래를 부르고 싶어.

I want to **cook delicious food.** 나는 맛있는 음식을 요리하고 싶단다.

I want to **help sick animals.** 나는 아픈 동물들을 도와주고 싶어.

 직업을 통해 이루고 싶은 일이나 하고 싶은 일을 말할 때 위와 같이 [**I want to** + 하고 싶은 일.]이라고 해요. 이 '하고 싶은 일'은 꿈을 이루고 싶은 이유가 될 수도 있고, 직업을 통해 가치있는 일을 하는 방법이 될 수도 있어요.

대화의 빈칸에 알맞은 표현을 써 보세요. 들으며 답을 확인하고, 따라 말해 보세요.

 Anna, what do you want to ＿＿＿＿＿? Anna야, 너는 뭐가 되고 싶니?

 I want to be an ＿＿＿＿. 난 만화영화 제작자가 되고 싶어.

 What do you ＿＿＿＿＿＿ as an animator?

만화영화 제작자로서 뭘 하고 싶은데?

 I want to ＿＿＿ fun cartoons. 난 재미있는 만화영화를 만들고 싶어.

I want to make people ＿＿＿＿. 사람들을 행복하게 해주고 싶거든.

 That's cool!

우리말 뜻을 보고, 빈칸에 알맞은 영어를 <보기>에서 골라 써 보세요. 들으며 답을 확인하고, 따라 말해 보세요.

보기   What   want to do   write   smart robots   help

fun cartoons   cook   help

	우리말 뜻	영어 표현
1	넌 무슨 일을 하고 싶니?	_____ do you want to do?
2	저는 스마트(똑똑한) 로봇을 만들고 싶어요.	I want to make _____ _____.
3	는 재미있는 만화영화를 만들고 싶어.	I want to make _____ _____.
4	저는 흥미로운 이야기를 쓰고 싶어요.	I want to _____ interesting stories.
5	는 맛있는 음식을 요리하고 싶단다.	I want to _____ delicious food.
6	당신은 수의사로서 어떤 일을 하고 싶나요?	What do you _____ _____ _____ as a vet?
7	저는 아픈 동물들을 도와주고 싶습니다.	I want to _____ sick animals.

 **동사를 명사로 만들기**

영어에서는 '~하다'를 의미하는 동사를 '~하기'처럼 명사 형태로 만들고 싶을 때 [동사 + **-ing**] 또는 [**to** + 동사]를 활용해요. 먼저, 3~4 학년 때 공부했던 표현을 하나 소환해 볼게요.

I like **fishing**. 나는 낚시하는 것을 좋아한다.

fish는 본래 '낚시하다'라는 뜻의 동사인데, **ing**가 붙어서 '낚시하기' 또는 '낚시하는 것'이라는 명사로 변신한 거예요. DAY 13에서 공부했던 표현, **Do you know anything about recycling?**에서도 마찬가지죠. **recycle**은 본래 '재활용하다'라는 뜻의 동사인데, **ing**를 붙여서 '재활용하기'라는 뜻이 되었어요. 우리는 이것을 '동명사'라고 부른다는 것도 앞서 공부했어요.

오늘 공부한 표현에서도 동사를 명사처럼 만든 것이 있어요. **What do you want to do?**에서 **do**는 본래 '~하다'라는 동사인데, 앞에 **to**를 붙이면 '~하기'의 뜻이 되어 명사처럼 말할 수 있어요. **I want to make smart robots.**에서도 **make** 앞에 **to**를 넣어서 '만들다'를 '만들기'로 바꾸어 활용한 거예요.

이처럼, 동사를 문장에서 명사처럼 활용할 때 **ing** 또는 **to**를 붙인다는 점을 알고 있으면 영어 문장을 이해하고 만들기가 훨씬 쉬워져요.

앞에서 공부한 표현을 여러 번 써 보고, 듣고 따라 말해 보세요.

1   What do you want to do?

2   What do you want to do as a vet?

3   I want to make smart robots.

4   I want to write interesting stories.

5   I want to sing songs on a big stage.

6   I want to cook delicious food.

Step 7   Write About You

다음 질문에 대한 실제 '나'의 대답을 써 보세요.

Q   What do you want to do as a student?

DAY 36

I'm good at writing.
잘하는 일과 좋아하는 일 말하기

Step 1 Key Words 다음 단어나 표현을 듣고, 알고 있는 것에 ✔표를 해 보세요. 🔊 Day 36_01.mp3

☐	be good at	~을 잘하다	☐ storytelling	이야기하기
☐	take care of	~을 돌보다	☐ culture	문화
☐	character	등장인물, 캐릭터	☐ health	건강
☐	dance	춤추다	☐ enjoy	즐기다
☐	be interested in	~에 관심이 있다	☐ people	사람들

Step 2 Key Expression

I'm good at writing.
⬇
[나는 ~이다 / 잘하는 / ~에 / 글쓰기.]
⬇
저는 글쓰기를 잘해요.

자신이 잘하는 것을 말하고 싶을 때 I'm good at □.라고 말해요. □에는 보통, 명사나 동명사(-ing) 형태로 잘하는 일을 넣지요.

➡ **I'm good at cooking.** 저는 요리를 잘해요.
I'm good at taking care of animals.
나는 동물 돌보는 걸 잘해.
I'm good at drawing characters.
저는 캐릭터 그리기를 잘해요.
I'm good at math and science. 난 수학과 과학을 잘하지.
I'm good at singing and dancing. 난 노래하고 춤추는 걸 잘해.

 [**I'm good at** + 잘하는 일.]의 '잘하는 일'에는 명사나 동명사(-ing)를 넣어요.

 TIPS 한국 문화에서는 겸손이 미덕이라고 생각하여 "저는 그 정도는 아니에요.", "그냥 좋아할 뿐이에요."라는 식으로 자신을 낮추어 표현하는 것이 익숙해요. 그래서 "저 그거 잘해요!"라고 말하면 자랑하는 것으로 보일까 봐 조심하는 경향이 있어요. 하지만 영어권에서는 자신의 장점, 잘하는 바를 솔직하게 말하는 것을 긍정적인 태도로 여겨요.

I'm good at writing. 저는 글쓰기를 잘해요.
I'm great with animals. 나는 동물들이랑 잘 지내요.
I'm really good at drawing characters. 저는 캐릭터 그리기를 정말 잘해요.

이런 표현은 자랑이 아니라 '자기 표현'이에요. 서양에서는 너무 겸손하면 자신감이 없다고 생각하고, 능력을 잘 드러내야 기회가 열린다는 생각이 강해 **be good at**의 표현이 흔하게 사용된답니다.

I'm interested in books and storytelling.

[나는 ~이다 / 관심있는 / ~에 / 책 / 그리고 / 이야기하기.]

나는 책과 이야기하기에 관심이 있어.

자신이 관심 있는 일, 흥미 있는 일, 더 알고 싶은 분야에 대해 말하고 싶을 때 I'm interested in □.라고 해요. □ 자리에는 관심 분야를 넣죠. 실제로 즐기고 있는 활동을 말할 때는 I enjoy □.라고 하는데, □ 자리에 즐기는 행동을 넣어요.

I'm interested in food and cultures.
난 음식과 문화에 관심이 많아요.

I'm interested in animals and health.
저는 동물과 건강에 관심이 있답니다.

I enjoy watching cartoons.　난 만화영화를 즐겨 봐.

I enjoy reading science books.　나는 과학책 읽기를 즐겨요.

I enjoy singing in front of people.
나는 사람들 앞에서 노래하는 걸 즐겨요.

 ① [I'm interested in + 관심 분야.]와 ② [I enjoy + 즐기는 행동.] 모두 흥미와 취미를 소개하는 표현으로 설명할 수 있지만 느낌이 조금 달라요. ①이 '더 알고 싶은 분야'나 '관심 있는 것'을 강조한다면, ②는 실제로 '즐기는 활동'에 초점을 맞춘 표현이에요. 이 두 표현을 잘 구별해서 쓰면 자신의 꿈이나 관심 분야, 취미 등을 더 풍부하게 말할 수 있어요. '관심 분야'와 '즐기는 행동' 자리에는 명사나 동명사(-ing)가 들어간다는 것도 기억해요.

  Day 36_02.mp3

대화의 빈칸에 알맞은 표현을 써 보세요. 들으며 답을 확인하고, 따라 말해 보세요.

 Look at that cat! How cute!

 Do you like cats?

 Yes. I'm _____ animals and health. 나는 동물과 건강에 관심이 있어.

I'm _____ taking care of animals, too. 나는 동물을 보살피는 일도 잘해.

 Wow, that's cool! What do you _____ _____ _____? 넌 뭐가 되고 싶니?

 I want to be a vet. I _____ _____ _____ sick animals.

나는 아픈 동물들을 돕고 싶어.

우리말 뜻을 보고, 빈칸에 알맞은 영어를 <보기>에서 골라 써 보세요. 들으며 답을 확인하고, 따라 말해 보세요.

보기 interested in   taking care   good at   cooking
math and science   watching   food

	우리말 뜻	영어 표현
1	저는 글쓰기를 잘합니다.	I'm _____ _____ writing.
2	난 요리를 잘해.	I'm good at _____.
3	난 동물을 잘 돌봐줘.	I'm good at _____ _____ of animals.
4	저는 수학과 과학을 잘해요.	I'm good at _____ _____ _____.
5	나는 책과 이야기하기에 관심이 있어.	I'm _____ _____ books and storytelling.
6	저는 음식과 문화에 흥미가 있습니다.	I'm interested in _____ and cultures.
7	나는 만화영화 보는 걸 즐겨.	I enjoy _____ cartoons.

슬쩍 읽고 넘어가는 **GRAMMAR** ### 감정을 나타내는 -ing/-ed 형용사 짝꿍

오늘 공부한 **be interested in**을 보며 혹시 **interesting**이 떠오르지 않았나요? 최근에 영어 단어를 외우다가 **boring**과 **bored**, **exciting**과 **excited** 등을 두고 헷갈린 적은 없나요? 이러한 단어들은 뿌리는 같지만, 뜻과 쓰임이 다르기 때문에 구분을 할 수 있어야 해요. 몇 가지 짝꿍들을 보며 어떻게 하면 쉽게 구분하여 쓸 수 있는지 알아볼게요.

-ing는 감정을 일으키는 원인이 주인공		-ed는 감정을 느끼는 사람이 주인공	
boring 재미없는, 지루한	It's boring. 그건 재미없어.	bored 지루해지는	I'm bored. 난 지루해.
exciting 신나는, 흥미진진한	The game is exciting. 게임이 흥미진진해.	excited 신이 난	I'm excited about the game. 나는 그 게임이 기대돼.
interesting 재미있는, 흥미로운	This book is interesting. 이 책은 재미있어.	interested 관심 있어 하는	I'm interested in this book. 난 이 책에 관심이 있어.
shocking 충격적인	The news is shocking. 그 뉴스 충격적이야.	shocked 충격을 받은	I'm shocked! 나 충격 받았어!

차이를 느꼈나요? **-ing**는 그 감정을 일으킨 사건이나 물건 등이 주인공, **-ed**는 감정을 느낀 사람이 주인공이라는 사실만 기억해요!

Step 6 **Let's Write** Day 36 _04.mp3

앞에서 공부한 표현을 여러 번 써 보고, 듣고 따라 말해 보세요.

1 I'm good at writing.

2 I'm good at taking care of animals.

3 I'm interested in books and storytelling.

4 I'm interested in animals and health.

5 I enjoy watching cartoons.

6 I enjoy reading science books.

Step 7 **Write About You**

여러분은 어떤 걸 잘하나요? 또 어떤 일에 관심이 있나요? 실제 '나'에 대해서 써 보세요.

I'm good at

I'm interested in

My Dream Job

나의 장래 희망 소개글

A Let's Read   어떤 내용인지 생각하며 다음 나의 장래 희망 소개글을 소리 내어 읽어 보세요.

My Dream Job: A Vet

Jenny

I'll start with my favorite things.
My favorite subject is math.
I love playing with my puppy at home.
I'm interested in animals and health.
I'm good at taking care of animals.
I want to be a great vet.
I want to help sick animals in the future.
Because I love animals, I really want to help them.

B Check Check   위의 글을 다시 읽고, 아래 물음에 답해 보세요.

1 What is Jenny's dream job? Jenny의 희망 직업은 무엇인가요?

➡ Jenny's dream job is a   .

2 What is Jenny's favorite subject? Jenny가 가장 좋아하는 교과목은 무엇인가요?

➡ Her favorite subject is   .

3 What is Jenny interested in? Jenny가 관심을 가지고 있는 분야는 무엇인가요?

➡ She's interested in   .

4 What does Jenny want to do in the future? 미래에 Jenny는 무엇을 하고 싶나요?

➡ She wants to   .

나의 장래 희망 소개글 쓰기

My Dream Essay

왼쪽 글을 참고하여 '나의 장래 희망 소개글'을 쓰려고 합니다. 자신의 흥미(관심 분야)와 강점(잘하는 일) 등을 떠올려 빈칸에 영어 또는 한글로 써 보세요. (이번 챕터에서 공부했던 표현들을 활용하세요!)

〈My dream job 나의 장래 희망의 직업〉

〈What I want to do 하고 싶은 일〉

〈My interest 나의 흥미〉

〈My strength 나의 강점, 잘하는 일〉

위에 정리한 내용을 바탕으로 나의 장래 희망 소개글을 써 보세요.

What do you want to be in your country?

그 나라에만 있는 독특한 직업, 뭐가 있을까요?

1 **일본의 오시야** (Oshiya, train pusher)

도쿄 등지의 지하철과 철도역에서 출퇴근 시간에 승객이 붐빌 때, 승객을 열차 안으로 안전하게 밀어 넣는 사람으로, 사람과 짐을 열차 내부로 밀어 넣기, 문 닫힘 여부 확인, 문에 끼인 승객을 빼내는 역할 등을 합니다.

2 **인도의 트럭 예술가** (Truck Artist)

인도에서는 운전사들이 자신의 차량을 예술 작품처럼 꾸미면서 행운이 깃들기를 바라는 문화가 있어요. 이 문화는 1920년대부터 시작된 것으로, 이에 트럭 예술가라는 직업이 생겨났답니다.

3 **뉴질랜드의 양털 깎는 사람** (Sheep Shearer)

뉴질랜드에는 사람보다 양이 더 많아요. 고등학교와 직업 훈련 기관에서는 양털 깎기 실습수업이 있고, 정기적으로 양털 깎기 대회도 열릴 정도로 인기 직업이자 스포츠랍니다.

4 **이탈리아의 곤돌라 사공** (Gondolier)

곤돌라는 이탈리아 베네치아의 전통적인 배로, 곤돌리에는 베네치아의 수로에서 관광객들을 태우고 운하를 따라 베네치아의 아름다운 풍경을 안내해 주는 사람이지요.

정답 및 해석

Chapter 1

Me
나

DAY 01

Step 4 Write & Say p.13

Hello, nice to meet you.
안녕하세요, 만나서 반가워요.

Nice to meet you, too. Where are you from?
저도 반가워요. 당신은 어디에서 왔나요?

I'm from Canada. Where are you from?
저는 캐나다에서 왔어요. 당신은 어디에서 왔나요?

I'm from Korea. 저는 한국에서 왔어요.

Step 5 Complete the Sentences p.14

1. from   2. Are   3. Korea   4. from
5. I'm   6. Mexico   7. Canada

DAY 02

Step 4 Write & Say p.17

What grade are you in?
넌 몇 학년이니?

I'm in the sixth grade. How about you?
난 6학년이야. 너는?

I'm in the fifth grade.
난 5학년이야.

Oh, call me *oppa*, please.
어, 그럼 나를 오빠라고 불러줘.

Step 5 Complete the Sentences p.18

1. What grade   2. first   3. second   4. third
5. I'm   6. in   7. grade

DAY 03

Step 4 Write & Say p.21

It's time for math class. I like math.
수학 시간이다. 난 수학이 좋아.

I don't like math.
나는 수학을 좋아하지 않아.

Jinho, what is your favorite subject?
진호야, 네가 제일 좋아하는 과목은 뭐야?

My favorite subject is music. I like singing.
내가 제일 좋아하는 과목은 음악이야. 나는 노래 부르는 게 좋아.

Oh, good for you.
오, 좋네.

Step 5 Complete the Sentences p.22

1. What   2. What's   3. favorite   4. is
5. My   6. subject   7. science

Reading Time p.24

A Let's Read

안녕!
내 이름은 Jason이야.
나는 미국 샌디에이고에서 왔어.
나는 11살이야. 6학년이지.
내가 가장 좋아하는 과목은 수학이야.
나는 스포츠도 아주 좋아해.
내가 가장 좋아하는 스포츠는 농구야.
모두들 만나서 반가워.

B Check Check

1. San Diego, U.S.A.

2. 11 years old

3. sixth

4. basketball

Chapter 2

Things
물건

DAY 04

Step 4 **Write & Say** ················· p.29

Anna, where are you?
Anna야, 어디 있어?

I'm in the kitchen.
난 부엌에 있어.

What's in the kitchen?
부엌에는 뭐가 있니?

There are six chairs and a big table.
의자 여섯 개랑 큰 식탁이 하나 있어.

Step 5 **Complete the Sentences** ············· p.30

1. bathroom   2. There's   3. in   4. are
5. What's   6. sofa   7. chairs, desks

DAY 05

Step 4 **Write & Say** ················· p.33

Whose phone is this?
이거 누구 전화기야?

It's Jenny's.
그거 Jenny 거야.

Look at that! Whose picture is that?
저것 봐! 저건 누구 그림이야?

Umm... It's mine. 음... 그건 내 거야.

Wow, it's beautiful. 와, 아름답다.

Step 5 **Complete the Sentences** ············· p.34

1. Whose   2. mine   3. shoe   4. this girl's
5. that   6. It's   7. yours

DAY 06

Step 4 **Write & Say** ················· p.37

Oh, I don't have a pencil case. Anna, can I borrow your pencil?
아, 나 필통 안 가져왔네. Anna야, 네 연필 좀 빌릴 수 있을까?

Sorry, I'm using it right now. I have only one.
미안, 내가 지금 쓰고 있어. 나도 하나밖에 없네.

That's okay. Jinho, can I borrow your pencil for a minute?
괜찮아. 진호야, 네 연필 좀 잠깐 빌릴 수 있을까?

Of course. Here you go.
당연하지. 여기 있어.

Thanks. 고마워.

Step 5 **Complete the Sentences** ············· p.38

1. Can I   2. ahead   3. use   4. right now
5. restroom   6. course   7. bring

Reading Time ················· p.40

A Let's Read

<외계인은 내 친구>
외계인: 너의 교실은 어디야?
지민: 4층에 있어.
외계인: 교실에 뭐가 있니?
지민: 책상들과 의자들이 있지.
외계인: 너의 교실에 가도 돼?
지민: 물론이지. 가자!

외계인: 이건 누구 의자야?
지민: 내 거야.
외계인: 내가 여기 앉아도 돼?
지민: 물론이지!

B Check Check

1. Alien Is My Friend

2. on the fourth floor

3. desks and chairs

4. Jimin's chair

Chapter 3

People
사람들

👧 **Where** are you, Dad? 아빠, 어디세요?

👨 I'm **at a library**. Where **is** your mother?
난 도서관에 있어. 엄마는 어디에 계시니?

👧 She's **in the kitchen**. 엄마는 부엌에 계세요.

👨 Oh, I see. 아, 그래.

1. are you   2. library   3. Where   4. bank
5. they   6. living room   7. bathroom

👨 What does she **look like**?
그녀는 어떻게 생겼어?

👧 She **looks like** her mother.
그녀는 자기 어머니를 닮았어.

👨 What **does** her mother look like?
그녀의 어머니는 어떻게 생기셨어?

👧 Her mother looks like a **model**. She's very tall.
그녀의 어머니는 모델 같아 보이셔. 키가 아주 크셔.

1. What   2. looks   3. teacher   4. does
5. looks like   6. like   7. superhero

👧 **Where** is your brother? 네 남동생은 어디 있어?

👨 He's in the classroom. 그 애는 교실에 있어.

👧 What is he **wearing**? 그 애는 뭘 입고 있어?

👨 He's wearing **blue pants**. 그 애는 파란색 바지를 입고 있어

👧 Oh, I can see him. 아, 보인다.

1. wearing   2. T-shirt   3. What   4. is
5. glasses   6. are you   7. black pants

A Let's Read

<내 남동생>

내 남동생은 민준이야.

그 애는 지금 도서관에 있어.

내 남동생은 책 읽는 것을 좋아해.

그 애는 해리포터처럼 생겼어.

짧은 곱슬머리야.

안경을 쓰고 있지.

그 애는 또 검은색 티셔츠를 입고 있어.

아주 귀엽고 똑똑하지.

나는 내 남동생을 사랑해

B Check Check

1. Minjun

2. library

3. Harry Potter, curly, glasses, black

Chapter 4

Daily Routine
일상 생활

DAY 10

Jinho, what time do you have breakfast?
진호야, 넌 몇 시에 아침을 먹어?

I have breakfast at 7. 난 7시에 아침 먹어.

Oh! What time do you get up?
오! 몇 시에 일어나는데?

I get up at 6:30. 6시 30분에 일어나.

Wow, you're an early bird.
와, 너 아침형 인간이구나.

1. What time
2. get up
3. go to school
4. at
5. get home
6. your homework
7. my homework

DAY 11

What do you do on weekends?
너는 주말에 뭐해?

I just stay home on Saturdays.
나는 토요일에 그냥 집에서 쉬어.

What about Sundays? 일요일은?

I go to the park and ride a bike on Sundays.
일요일에는 공원에 가서 자전거를 타.

1. What
2. hang out
3. on Saturdays
4. soccer
5. do you
6. stay home
7. park, dog

DAY 12

What will you do this summer?
넌 이번 여름에 뭐 할 거야?

I will go to Jeju Island. 나는 제주도에 갈 거야.

What will you do there? 거기에서 뭐 할 거야?

I'll swim in the sea! 나는 바다에서 수영을 할 거야!

Wow! That sounds fun. 와! 재밌겠다.

1. will
2. go on a trip
3. next weekend
4. visit
5. What will you do
6. go camping
7. I'll

A Let's Read

사회자: 안녕하세요, Michael!

Michael: 안녕하세요.

사회자: 당신은 놀라운 축구선수예요. 보통 몇 시에 일어나나요?

Michael: 저는 5시 정각에 일어나요.

사회자: 와우. 아침에 뭐 해요?

Michael: 저는 축구 연습을 해요.

사회자: 아, 당신은 아침형 인간이군요!

Michael: 네, 저는 매일 연습을 해요.

사회자: 이번 주말에는 뭘 할 건가요?

Michael: 나는 또 축구 연습을 할 거예요.

사회자: 좋네요! 행운을 빌어요!

B Check Check

1. soccer player
2. 5 o'clock
3. soccer practice
4. soccer practice

Chapter 5

Earth Day
지구의 날

DAY 13

Step 4 **Write & Say** ·············· p.77

Do you know anything about Earth Day?
지구의 날에 대해 알고 있어?

Yes, it's a special day for the Earth.
응, 지구를 위한 특별한 날이지.

What can we do? 우리가 뭘 할 수 있지?

We can save energy by turning off the light.
우리는 전등을 끔으로써 에너지를 절약할 수 있어.

Right! We can save energy by using the stairs, too.
맞아! 우리가 계단을 이용하는 것으로도 에너지를 절약할 수 있지.

Step 5 **Complete the Sentences** ·············· p.78

1. anything   2. a special day   3. recycling
4. recycle   5. saving water   6. turning off
7. the light

DAY 14

Step 4 **Write & Say** ·············· p.81

What can we do for the Earth?
우리가 지구를 위해 뭘 할 수 있을까?

Umm... How about picking up trash?
음... 쓰레기 줍기는 어때?

That's a good idea! We should protect the planet. 좋은 생각이야! 우리는 지구를 보호해야 돼.

Yes, you're right. 그래, 네 말이 맞아.

Step 5 **Complete the Sentences** ·············· p.82

1. How about   2. using   3. turning off
4. picking up   5. recycling   6. right
7. good idea

DAY 15

Step 4 **Write & Say** ·············· p.85

Tomorrow is Earth Day. What are you going to do on Earth Day, Jay?
내일은 지구의 날이야. 지구의 날에 뭐 할 거야, Jay야?

I'm going to start a campaign.
나는 캠페인을 시작할 거야.

Great idea! 좋은 생각이야!

What are you going to do tomorrow?
너는 내일 뭐 할 거야?

I'm going to pick up trash with my family.
나는 가족과 함께 쓰레기를 주울 거야.

Step 5 **Complete the Sentences** ·············· p.86

1. What   2. I'm going to   3. are you   4. have
5. going to do   6. visit   7. take

Reading Time ·············· p.88

A **Let's Read**

당신은 '지구의 날'에 대해 뭔가 알고 있나요?
이날은 지구를 위한 특별한 날이에요.
4월 22일이에요.

전등을 끄는 게 어때요? 우리는 에너지를 절약해야 돼요.
수도꼭지를 잠그는 게 어때요? 우리는 물을 아껴야 돼요.
쓰레기를 줍는 건 어때요? 우리가 지구를 보호해야 돼요.
지구를 위해 당신은 무엇을 할 건가요?

B **Check Check**

1. Earth Day

2. on April 22nd

3. turning off the light
   turning off the tap
   picking up trash

Chapter 6

Yesterday
어제

DAY 16

Step 4 **Write & Say** p.93

Jinho, what did you do last winter?
진호야, 지난 겨울에 뭐 했어?

I visited my grandparents.
난 조부모님댁에 방문했었어.

Wow, that's great. What did you do there?
와, 잘했네. 거기거 뭐 했어?

I ate delicious food. 맛있는 음식을 먹었어.

Step 5 **Complete the Sentences** p.94

1. What did   2. read   3. last weekend
4. joined   5. yesterday   6. visited
7. went, ate

DAY 17

Step 4 **Write & Say** p.97

How was your vacation, Anna?
Anna야, 방학은 어땠어?

It was great! 아주 좋았어!

What did you do last summer?
지난 여름에 뭘 했는데?

I went to Jeju Island and rode a bike with my brother. 제주도에 가서 남동생이랑 자전거 탔어.

Wow! That sounds fun! 와! 재밌었겠다!

Step 5 **Complete the Sentences** p.98

1. How   2. great   3. was   4. fun
5. your trip   6. so-so   7. boring

DAY 18

Step 4 **Write & Say** p.101

This is a quiz! Who invented Hangeul?
퀴즈를 낼게! 한글은 누가 발명했지?

Me! King Sejong invented Hangeul!
나! 세종대왕이 한글을 발명했어!

Right! Now look at this picture! Who drew this picture?
맞았어! 이번엔 이 그림을 보자! 이 그림은 누가 그렸지?

Van Gogh did. Van Gogh가 그렸어.

You're right! 맞았어!

Step 5 **Complete the Sentences** p.102

1. Who   2. invented   3. drew   4. did
5. made   6. this plane   7. wrote

Reading Time p.104

A **Let's Read**

2025년 4월 28일 토요일, 날씨 맑음

<완벽한 하루>

나는 주말을 아주 좋아해.

오늘 집에 있으면서 만화책을 많이 읽었어.

엄마는 그걸 좋아하지 않았지.

엄마가 "지민아, 제발 밖에 나가서 운동 좀 해."라고 말씀하셨지.

나는 공원에 가서 강아지 산책을 시켰어.

와! 벽에 그려진 아름다운 그림을 하나 봤어.

"저 그림은 누가 그렸을까?"

만화책 읽기는 재미있었고, 강아지 산책시키기는 너무 좋았고, 그림은 놀라웠지.

완벽한 하루였어!

B **Check Check**

1. A Perfect Day

2. read, comic books

3. a beautiful picture

Chapter 7

Condition
건강 상태

DAY 19

What's wrong? 어디 아프니?

I have a fever, Mom. 저 열 나요, 엄마.

Do you have a headache, too? 머리도 아프니?

Yes, I do. 네, 아파요.

Oh, let's go see a doctor. 아이고, 병원에 가자.

1. What's   2. have   3. a fever   4. a cold

5. a runny nose   6. a stomachache

7. a toothache

DAY 20

You should go to bed early today.
오늘 일찍 주무시는 게 좋겠습니다.

Okay, thank you. 네, 감사합니다.

(집에 와서)

Elly, did you take your medicine?
Elly, 약 먹었니?

Yes, I did. 응. 먹었어.

Don't forget to go to bed early.
일찍 자는 거 잊지 마.

1. should   2. rest   3. go to bed

4. see a doctor   5. Don't forget

6. nurse's office   7. warm water

DAY 21

How often do you exercise, Jinho?
진호야, 너는 얼마나 자주 운동해?

Three times a week. 일주일에 세 번 해.

Okay. How often do you brush your teeth?
그렇구나. 양치는 얼마나 자주 해?

Umm.... Twice a week. 음... 일주일에 두 번.

Twice a week? Why don't you brush your teeth twice a day?
일주일에 두 번? 하루에 두 번 양치해 보는 건 어때?

I'll try. 그래볼게.

1. How often   2. a week   3. breakfast

4. a month   5. clean   6. Once

7. a day

A   Let's Read

의사: 이름이 Mike 맞지요?

환자: 네, 맞아요.

의사: 어디가 아프세요?

환자: 감기 걸렸어요. 열 나고 콧물도 나고요.

의사: 약 먹고 좀 쉬어야겠네요.

환자: 네.

의사: 잠도 일찍 자고요.

환자: 알겠습니다.

의사: 운동은 얼마나 자주 하세요?

환자: 음... 한 달에 두 번요?

의사: 어, 안 돼요. 일주일에 다섯 번 운동 잊지 말고 하세요.

환자: 네.

의사: 다음에 뵙겠습니다, Mike씨.

B   Check Check

1. a cold, a fever, a runny nose

2. medicine, rest, go to bed

3. Five times a week.

Chapter 8

Food
음식

👩 **What** would you like to **order**?
무엇을 주문하시겠어요?

🧑 **I'd like** two sandwiches and a hot dog, please. 샌드위치 두 개랑 핫도그 하나 주세요.

👩 For here or to go? 여기서 드시나요, 가져가시나요?

🧑 To go, **please**. 가지고 갈게요.

👩 Okay. 네.

1. would   2. order   3. I'd like   4. please
5. burger and fries   6. some   7. noodles

👩 What **would you** like to order?
무엇을 주문하시겠어요?

🧑 **I'd like** some food for lunch. **How much** are those tacos?
점심으로 먹을 음식을 좀 주문하고 싶은데요. 저 타코는 얼마예요?

👩 **They're** eight thousand won.
그건 8,000원입니다.

🧑 I'll take them. 그걸로 할게요.

(잠시 후)

👩 Okay. Here you are. 네. 여기 있습니다.

1. How much   2. They're   3. are   4. thousand
5. those   6. hundred   7. these

👩 What would you like to **order**?
무엇을 주문하시겠어요?

🧑 **I'd like** some noodles. 국수 주세요.

👩 Okay, wait a minute. 네, 잠시만요.

(잠시 후)

👩 **How** does it **taste**? 맛이 어떠세요?

🧑 It's **spicy** but delicious. 맵지만 맛있어요.

1. does   2. salty   3. sweet   4. sour
5. spicy   6. bitter   7. bland

A **Let's Read**

<난 국수가 좋아>

좋다!

맛있어!

정말 좋아!

무엇을 주문하시겠습니까?

국수 좀 주세요.

이 국수는 얼마인가요?

6,000원입니다.

맛이 어때요?

짭짤하지만 맛있어요! 내 입맛에 딱 맞아요.

내가 제일 좋아하는 음식이 국수예요.

B **Check Check**

1. Noodles

2. 6,000

3. good, yummy, salty, delicious

4. Noodles

Chapter 9

Place
장소

DAY 25

I'm thirsty. I want some water.
목 말라. 물 마시고 싶어.

Me, too. 나도
(지나가는 사람에게) Excuse me. Where is the supermarket?
실례합니다. 슈퍼마켓이 어디인가요?

It's over there. Go straight and turn left at the corner.
저쪽에 있어요. 쭉 가다가 모퉁이에서 왼쪽으로 돌면 돼요.

Oh, thank you. 오, 감사해요.

1. Where   2. Go   3. Turn   4. restaurant

5. straight, right   6. supermarket

7. at the corner

DAY 26

Excuse me. Where is the restaurant?
실례합니다. 음식점이 어디에 있나요?

Go straight two blocks and turn left at the corner. It's on your right.
두 블럭 직진하신 후 모퉁이에서 왼쪽으로 도세요.
당신이 가는 길 오른쪽에 있어요.

Okay. 알겠습니다.

It's in front of the school. 학교 앞에 있어요.

Thank you. 감사합니다.

1. right   2. left   3. next to

4. between, and   5. in front of

6. behind

DAY 27

Excuse me. How can I get to the museum?
실례합니다. 박물관에 어떻게 가나요?

Take Bus Number 3 and get off at the post office. It's next to the post office.
3번 버스를 타고 가다가 우체국에서 내리세요. 우체국 옆에 있어요.

Oh, where is the bus stop?
아, 버스 정류장이 어디 있어요?

It's over there. 저쪽이에요.

Oh, thank you. 오, 감사합니다.

1. How   2. get to   3. the post office

4. Take   5. Bus Number 3

6. get off   7. Subway Line 4

A Let's Read

여기는 레인보우 마을입니다. 어디에 가고 싶으세요?

레인보우 박물관이 있습니다.

두 블록 직진해서 모퉁이에서 왼쪽으로 도세요. 길 오른쪽에 있습니다.

도서관의 옆에 있지요.

2번 버스를 타고 레인보우 박물관에서 내리셔도 됩니다.

빅 슈퍼마켓도 가보실 수 있습니다.

직진해서 우체국에서 오른쪽으로 도세요. 길 왼쪽에 있습니다.

빵집과 경찰서 사이에 있습니다.

B Check Check

1. Rainbow Museum, Big Supermarket

2. Go straight, turn left
   Bus Number 2, Rainbow Museum

3. Go straight, turn right, left,
   between, and

Chapter 10

Invitation
초대

DAY 28

Step 4 Write & Say
p.157

Jinho, you look happy. 진호야, 너 행복해 보인다.

Yes, I am! 맞아, 나 행복해!

Why are you so excited? 왜 그렇게 신이 난 거야?

Because today is my birthday!
오늘이 내 생일이거든!

Oh, happy birthday! 오, 생일 축하해!

Step 5 Complete the Sentences
p.158

1. Why   2. upset   3. tired

4. Because   5. lost   6. studied   7. sick

DAY 29

Step 4 Write & Say
p.161

When is your birthday? 너의 생일이 언제니?

It's on March 26th. 3월 26일이야.

What will you do on your birthday?
생일날 뭐 할 거야?

I'll have a party! 난 파티할 거야!

Oh, that sounds great! 오, 멋지다!

Step 5 Complete the Sentences
p.162

1. When   2. It's   3. is   4. on February

5. school festival   6. November   7. January

DAY 30

Step 4 Write & Say
p.165

My birthday is coming! 내 생일이 오고 있어!

Really? When is your birthday?
정말? 네 생일이 언제야 ?

It's on April 28th. Would you like to come to
my birthday party?
4월 28일이야. 내 생일 파티에 와줄래?

Oh, I'd love to! 오, 너무 좋지!

Thank you. 고마워.

Step 5 Complete the Sentences
p.166

1. Would you   2. like to   3. come to

4. school festival   5. my house   6. love

7. next time

Reading Time
p.168

A Let's Read

친구들에게

모두, 안녕!

나는 너무 신이 나, 왜냐하면 파티를 열 거니까!

내 생일 파티에 와줄래?

*언제: 10월 21일

*어디: 우리 집에서

그때 보자, 얘들아.

고마워.

사랑하는 Jenny가

B Check Check

1. have a party

2. October 21st

3. at, house

4. Would you like to come to my birthday party?

Chapter 11

My Opinion
나의 의견

DAY 31

Step 4 Write & Say ············· p.173

Look outside! It's sunny!
밖에 좀 봐! 날씨가 화창해!

What a beautiful day! 정말 아름다운 날이다!

Yes, it's so beautiful. 맞아, 정말 아름다워.

Why don't we go on a picnic?
우리 소풍가지 않을래?

That's a great idea! How exciting!
좋은 생각이다! 너무 신나!

Step 5 Complete the Sentences ········· p.174

1. What a
2. cake
3. game
4. nice story
5. How
6. big
7. funny

DAY 32

Step 4 Write & Say ············· p.177

Look at this! A lion is faster than a tiger.
이거 봐! 사자가 호랑이보다 더 빠르네.

Oh, that's interesting. 오, 흥미로운데.

Then, who is faster, me or you?
그러면, 너와 나 중에는 누가 더 빠를까?

I am faster than you! 내가 너보다 더 빠르지!

No way! Let's have a race! 말도 안 돼! 시합해 보자!

Step 5 Complete the Sentences ········· p.178

1. Which, or
2. heavier
3. Which one
4. smarter
5. Who
6. taller than
7. stronger

DAY 33

Step 4 Write & Say ············· p.181

Let's play the mobile game together!
같이 모바일 게임하자!

I think it's a good idea.
난 좋은 생각인 것 같아.

What do you think, Judy?
넌 어떻게 생각해, Judy야?

Umm... I don't think so. Why don't we play soccer? 음... 난 그렇게 생각하지 않아. 우리 축구하는 게 어때?

That's good, too! 그것도 좋아!

Okay. I think it's fun. 그래. 그거 재미있을 것 같아.

Step 5 Complete the Sentences ············· p.182

1. I think
2. it's
3. difficult
4. taller than
5. he is
6. don't
7. she's

Reading Time ·················· p.184

A Let's Read

<진짜 재미있다!>

힌트 1 사람들은 "와, 정말 귀여운 동물이네!"라고 말해요.

힌트 2 이건 거북이보다 빨라요.

힌트 3 대부분의 개보다 작아요.

힌트 4 이건 토끼보다 커요.

힌트 5 내 생각엔 잠을 많이 자는 걸 좋아하는 것 같아요.

정답은 무엇일까요?

B Check Check

1. What a cute animal
2. faster, smaller, bigger
3. sleep
4. a cat

Chapter 12

My Dream
나의 장래 희망

DAY 34

Step 4 **Write & Say** ········· p.189

👧 What do you want to be? 넌 무엇이 되고 싶니?

👦 I want to be a robot scientist.
난 로봇 과학자가 되고 싶어.

👧 What is your favorite subject?
넌 어떤 과목을 제일 좋아해?

👦 My favorite subject is math. 난 수학이 제일 좋아.

👧 Wow, that's cool! 와, 멋지다!

Step 5 **Complete the Sentences** ········· p.190

1. want to be   2. chef   3. robot scientist

4. writer   5. vet   6. in the future

7. animator

DAY 35

Step 4 **Write & Say** ········· p.193

👦 Anna, what do you want to be?
Anna야, 너는 뭐가 되고 싶니?

👧 I want to be an animator.
난 만화영화 제작자가 되고 싶어.

👦 What do you want to do as an animator?
만화영화 제작자로서 뭘 하고 싶은데?

👧 I want to make fun cartoons. I want to make people happy. 난 재미있는 만화영화를 만들고 싶어.
사람들을 행복하게 해주고 싶거든.

👦 That's cool! 멋지다!

Step 5 **Complete the Sentences** ········· p.194

1. What   2. smart robots   3. fun cartoons

4. write   5. cook   6. want to do

7. help

DAY 36

Step 4 **Write & Say** ········· p.197

👦 Look at that cat! How cute!
저 고양이 좀 봐! 엄청 귀엽다!

👦 Do you like cats? 넌 고양이를 좋아하니?

👦 Yes. I'm interested in animals and health. I'm good at taking care of animals, too. 응. 나는 동물과 건강에 관심이 있어. 나는 동물을 보살피는 일도 잘해.

👦 Wow, that's cool! What do you want to be?
와, 멋지다! 넌 뭐가 되고 싶니?

👦 I want to be a vet. I want to help sick animals.
난 수의사가 되고 싶어. 아픈 동물들을 돕고 싶어.

Step 5 **Complete the Sentences** ········· p.198

1. good at   2. cooking   3. taking care

4. math and science   5. interested in

6. food   7. watching

Reading Time ········· p.200

A **Let's Read**

<나의 희망 직업: 수의사>

Jenny

내가 좋아하는 것들부터 시작해 볼게요.

내가 가장 좋아하는 과목은 수학이에요.

나는 집에서 강아지랑 노는 것을 정말 좋아해요.

나는 동물과 건강에 관심이 있어요.

나는 동물을 돌보는 일을 잘해요.

나는 훌륭한 수의사가 되고 싶어요.

미래엔 아픈 동물들을 돕고 싶어요.

왜냐하면 난 동물을 사랑해서 정말 동물들을 돕고 싶어요.

B **Check Check**

1. vet

2. math

3. animals and health

4. help sick animals

부록

초등 필수 영어 단어

부록 1

초등 영어과 교육과정에서 제시하는 초등 필수 영어 단어(800개)와 검정 교과서에서 많이 활용되는 단어들을 모았습니다. 파란색 단어는 이 책의 Step 1. Key Words에 나온 단어들이에요. 이 단어들을 익히면 초등 고학년 영어 공부가 한결 수월해질 거예요.

	A				
1	a/an	하나의	35	another	또 다른
2	about	약, ~에 대해서	36	answer	대답, 회신
3	above	~보다 위에	37	any	아무(것)
4	academy	학원	38	anything	무엇(이든)
5	across	건너서	39	anytime	언제든지, 언제나
6	act	행동(하다)	40	apartment	아파트
7	add	덧붙이다	41	apologize	사과하다
8	address	주소	42	apple	사과
9	adult	성인, 어른	43	appreciate	고마워하다
10	afraid	두려워하는	44	April	4월
11	after	~ 뒤에[후에]	45	area	지역
12	afternoon	오후	46	arm	팔
13	again	한 번 더, 다시	47	around	약, 주위에
14	against	~에 반대하여	48	arrive	도착하다
15	age	나이	49	art	미술, 예술
16	ago	~ 전에	50	artist	예술가
17	agree	동의하다	51	as	~로서, ~처럼[같이]
18	ahead	앞에, 앞으로	52	ask	묻다
19	air	공기	53	at	~에(서)
20	airplane	비행기	54	August	8월
21	album	앨범	55	aunt	고모, 이모, 숙모
22	all	모든, 다	56	autumn	가을
23	almost	거의	57	away	떨어져
24	alone	혼자		B	
25	along	~을 따라	58	baby	아기
26	already	이미, 벌써	59	back	등, 뒤쪽, 과거의
27	alright	괜찮은	60	bad	안 좋은, 나쁜
28	also	또한, 게다가	61	badminton	배드민턴
29	always	항상, 언제나	62	bag	가방
30	amazing	놀라운, 대단한	63	bake	굽다
31	and	그리고,~와	64	bakery	빵집, 제과점
32	angry	화난, 성난	65	ball	공
33	animal	동물	66	banana	바나나
34	animator	만화영화 제작자	67	bank	은행
			68	base	기초, 토대

69	baseball	야구	113	bone	뼈
70	basket	바구니	114	book	책
71	basketball	농구	115	boring	재미없는, 지루한
72	bat	방망이	116	borrow	빌리다
73	bath	욕조, 목욕하다	117	both	둘 다(의)
74	bathroom	욕실, 화장실	118	bottle	병
75	bathtub	욕조	119	bottom	맨 아래, 바닥
76	be(am, are, is)	있다, ~이다	120	box	상자
77	beach	해변, 바닷가	121	boy	소년, 남자아이
78	bear	곰, 참다	122	brave	용감한
79	beauty	아름다움, 미(인)	123	bread	빵
80	beautiful	아름다운	124	break	깨어지다, 고장나다
81	because	~ 때문에, 왜냐하면	125	breakfast	아침(밥)
82	become	~이 되다	126	bridge	다리
83	bed	침대	127	bright	밝은
84	bedroom	침실	128	bring	가져오다, 데려오다
85	bee	벌	129	brother	형, 오빠, 남동생
86	beef	소고기	130	brown	갈색(의)
87	before	~ 전[앞]에	131	brush	붓, 솔, (솔로) 닦다
88	begin	시작하다	132	build	짓다, 건설하다
89	behind	~ 뒤에	133	burger	(햄)버거
90	believe	믿다	134	burn	타오르다, 불에 타다
91	bell	종(소리)	135	bus	버스
92	below	~ 아래에	136	business	사업, 장사, 일
93	belt	벨트, 허리띠	137	bus stop	버스 정류장
94	beside	~ 옆에	138	busy	바쁜
95	between	~ 사이에	139	but	그러나, 하지만
96	big	큰	140	butter	버터
97	bike	자전거	141	button	단추, 버튼
98	bill	고지서, 계산서	142	buy	사다
99	bird	새	143	by	~ 옆에
100	birth	탄생, 출생	144	bye	안녕
101	birthday	생일		**C**	
102	biscuit	비스킷	145	cake	케이크
103	bitter	쓴, 씁쓸한	146	call	~라고 부르다, 전화
104	black	검은색(의)	147	camp	캠프, 야영하다
105	bland	싱거운	148	campaign	캠페인, 조직적인 활동
106	block	구역, 블록	149	can	~할 수 있다, 깡통
107	blood	피, 혈액	150	Canada	캐나다
108	blue	파란색(의)	151	candy	사탕
109	blue whale	흰긴수염고래	152	cap	모자
110	board	판자, 널	153	car	승용차, (자동)차
111	boat	배, 보트	154	card	카드, 두꺼운 용지
112	body	몸, 신체	155	care	돌봄, 보살핌

156	carrot	당근	200	come	오다
157	carry	가지고 다니다, 나르다	201	comic	웃기는, 재미있는
158	cartoon	만화(영화)	202	company	회사
159	case	통, 경우	203	compute	계산하다
160	casual	평상시의, 평상복	204	concert	콘서트
161	cash	현금	205	condition	(건강) 상태
162	cat	고양이	206	congratulate	축하(해요!)
163	catch	잡다, 받다	207	control	지배(하다)
164	center	중심(점)	208	cook	요리하다, 요리사
165	certain	확실한, 틀림없는	209	cookie	쿠키
166	chair	의자	210	cool	시원한, 식다
167	chance	가능성, 기회	211	corner	모서리, 모퉁이, 코너
168	change	변하다, 달라지다	212	cost	값, 비용
169	character	등장인물, 캐릭터	213	could	can의 과거형
170	cheap	(값이) 싼	214	country	국가, 나라
171	check	살피다, 점검하다	215	couple	두 사람, 몇 명
172	cheese	치즈	216	course	강의, 강좌
173	chef	쉐프, 요리사	217	court	법원, 법정
174	chicken	닭(고기)	218	cousin	사촌
175	child	아이, 어린이	219	cover	씌우다, 덮다
176	China	중국	220	cow	암소, 젖소
177	chocolate	초콜릿	221	crayon	크레용
178	choose	선택하다	222	cream	크림
179	church	교회	223	cross	X표, 건너다
180	circle	원, 동그라미	224	cry	울다, 외치다
181	city	도시	225	culture	문화
182	class	학급, 수업	226	cup	컵
183	classroom	교실	227	curtain	커튼
184	clean	깨끗한, 청소하다	228	customer	손님, 고객
185	clear	분명한, 확실한	229	cut	베다, 자르다
186	clever	영리한, 똑똑한	230	cute	귀여운
187	climb	오르다		**D**	
188	clock	(벽)시계	231	dance	춤(추다)
189	close	가까운, 닫다	232	danger	위험
190	clothes	옷, 의복	233	dark	어두운, 짙은
191	cloud	구름	234	date	날짜, 시기
192	cloudy	흐린, 구름 낀	235	daughter	딸
193	club	클럽, 동호회	236	day	하루, 날, 요일
194	coat	외투, 코트	237	dead	죽은
195	coffee	커피	238	death	죽음
196	cold	추운, 차가운, 감기	239	December	12월
197	collect	모으다, 수집하다	240	decide	결정하다
198	college	대학(교)	241	deep	깊은, 심각한
199	color	색(깔), 빛깔	242	delicious	맛있는

243	design	디자인, 설계하다	286	eraser	지우개
244	desk	책상	287	evening	저녁, 밤
245	dialog	대화	288	every	모든
246	die	죽다	289	example	예, 본보기
247	difficult	어려운, 힘든	290	excellent	훌륭한, 아주 좋은
248	dinner	저녁(식사)	291	exercise	운동(하다)
249	discuss	상의하다	292	excited	신이 난, 흥분한
250	do	하다	293	exciting	신나는, 흥분하게 하는
251	doctor	의사	294	eye	눈
252	dodge ball	피구		**F**	
253	dog	개	295	face	얼굴, 마주보다
254	doll	인형	296	fact	사실
255	dolphin	돌고래	297	fail	실패하다
256	door	문	298	fall	떨어지다, 넘어지다
257	double	두 배(의)	299	family	가족
258	doughnut	도넛	300	fan	선풍기, 부채질하다
259	down	아래에, 아래로	301	fantastic	기막히게 좋은, 환상적인
260	draw	그리다	302	far	멀리
261	dream	꿈	303	farmer	농부
262	dress	드레스, 원피스	304	fast	빠른
263	drink	음료, 마시다	305	fat	뚱뚱한
264	drive	운전하다	306	father(dad, daddy)	아버지(아빠)
265	drop	떨어지다, 방울	307	favorite	가장 좋아하는
266	drum	북, 드럼	308	February	2월
267	dry	마른, 마르다	309	feel	느끼다, 감촉
268	duck	오리	310	festival	축제
269	during	~동안[내내], ~하는 중에	311	fever	열
	E		312	field	들판, 밭, 사육장
270	ear	귀	313	fifth(5th)	다섯 번째의
271	early	일찍	314	fifty	50, 쉰
272	earth	지구, 땅	315	fight	싸우다
273	east	동쪽	316	file	파일, 서류철
274	eat	먹다	317	fill	채우다, 메우다
275	egg	알, 달걀, 계란	318	film	영화, 촬영하다
276	eight	8, 여덟	319	find	찾다, 발견하다
277	elephant	코끼리	320	fine	좋은, 괜찮은
278	eleven	11, 열하나	321	finger	손가락
279	end	끝(내다)	322	finish	끝내다, 마치다
280	energy	에너지, 활기	323	fire	불, 화재
281	engineer	기술자	324	first(1st)	첫 번째의
282	English	영어	325	fish	물고기, 낚시하다
283	enjoy	즐기다	326	firefighter	소방관
284	enough	충분한	327	five	5, 다섯
285	enter	들어가다, 들어오다	328	fix	고정시키다, 고치다

329	floor	바닥, 층	372	go	가다
330	flower	꽃	373	goal	골, 득점
331	fly	날다	374	god	신(과 같은 존재)
332	focus	초점, 집중하다	375	gold	금
333	food	음식, 식품	376	good	좋은
334	fool	바보, 속이다	377	goods	상품
335	foot	발	378	goodbye	안녕히 가세요[계세요], 작별 인사
336	football	축구	379	grade	학년
337	for	~을 위한, ~의	380	graduation	졸업(식)
338	forest	숲, 삼림	381	grandfather	할아버지
339	forget	잊(어버리)다	382	grandparents	조부모님
340	fork	포크	383	grape	포도
341	form	유형, 형성되다	384	grass	풀, 잔디
342	forty	40, 마흔	385	gray	회색(의)
343	four	4, 넷	386	great	훌륭한, 대단한
344	fourth(4th)	네 번째의	387	green	녹색(의)
345	fox	여우	388	ground	땅바닥, 지면
346	France	프랑스	389	group	무리, 집단
347	free	자유로운, 풀어주다	390	grow	커지다, 자라다
348	fresh	신선한	391	guess	추측[짐작]하다
349	Friday	금요일	392	guitar	기타
350	friend	친구	393	gum	잇몸, 껌
351	friendly	상냥한, 다정한	394	guy	남자, 녀석, 사람들
352	from	~에서, ~부터		**H**	
353	front	앞면, 앞부분	395	habit	버릇, 습관
354	fruit	과일, 열매	396	hair	머리(털)
355	fry	튀기다	397	hamburger	햄버거
356	fries	감자튀김	398	hamster	햄스터
357	full	가득한	399	hand	손
358	fun	재미있는, 즐거운	400	handsome	잘생긴
359	future	미래(의)	401	hang	걸다, 매달다
	G		402	happy	행복한, 기쁜
360	game	게임, 경기, 시합	403	hard	단단한, 딱딱한
361	garden	뜰, 정원	404	hat	모자
362	gas	기체, 가스	405	hate	몹시 싫어하다
363	genius	천재	406	have	가지고 있다
364	gentleman	신사	407	he	그 (남자)
365	get	받다, 얻다	408	head	머리
366	girl	여자아이, 소녀	409	headache	두통
367	give	(건네)주다	410	health	건강
368	glad	기쁜, 반가운	411	heart	심장, 가슴
369	glass	유리, 잔	412	heat	열, 열기
370	glasses	안경	413	heavy	무거운
371	glove	장갑	414	hello/hey/hi	안녕(만났을 때 인사)

415	helmet	헬멧	458	introduce	소개하다
416	help	돕다, 도움	459	invent	발명하다
417	her	그녀의	460	invite	초대하다
418	here	여기(에)	461	island	섬
419	hero	영웅	462	issue	주제, 쟁점
420	high	높은	463	it	그것
421	hike	하이킹(가다)	464	its	그것의
422	hill	언덕		**J**	
423	his	그의	465	jacket	재킷
424	history	역사	466	January	1월
425	hit	때리다, 치다	467	jam	잼
426	hobby	취미	468	job	일, 직장
427	hold	잡고 있다, 쥐다	469	join	가입하다, 함께하다
428	holiday	휴가, 방학, 휴일	470	juice	주스, 즙
429	home	집, 가정	471	jump	뛰다, 점프하다
430	homework	숙제, 과제	472	June	6월
431	honest	정직한	473	just	그냥, 바로 그 순간에
432	hope	바라다, 희망(하다)	474	July	7월
433	horse	말		**K**	
434	hospital	병원	475	keep	유지하다
435	hot	더운, 매운	476	key	키, 열쇠
436	hour	시간	477	key ring	키링, 열쇠고리
437	house	집, 주택	478	kick	(발로) 차다
438	how	어떻게, 얼마나	479	kid	아이, 청소년
439	however	하지만, 그러나	480	kill	죽이다
440	human	사람(의), 인간(의)	481	kind	친절한, 다정한
441	hundred	100, 백	482	king	왕
442	hungry	배고픈	483	kiss	키스하다, 뽀뽀
443	hunt	사냥하다	484	kitchen	부엌, 주방
444	hurry	서두르다	485	knife	칼
445	husband	남편	486	know	알다
	I		487	Korea	대한민국
446	I	나	488	Korean	한국의, 한국어, 한국인
447	ice	얼음		**L**	
448	ice cream	아이스크림	489	lady	여성, 숙녀
449	idea	발상, 생각	490	lake	호수
450	if	(만약) ~하면	491	land	육지, 착륙하다
451	image	이미지, 영상	492	large	큰, 많은
452	in	~ 안에	493	laser	레이저
453	inside	~의 안[속]	494	last	지난, 마지막의
454	interested	관심있는	495	late	늦은
455	interesting	흥미로운, 재미있는	496	later	나중에
456	Internet	인터넷	497	lazy	게으른
457	into	~ 안[속]으로	498	learn	배우다, 학습하다

499	left	왼쪽(의)		542	meet	만나다, 모이다
500	leg	다리		543	member	구성원, 회원
501	lesson	수업, 교습		544	memory	기억(력)
502	let	허락하다, ~하게 하다		545	Mexico	멕시코
503	letter	편지, 글자		546	middle	중앙, 가운데
504	library	도서관		547	might	힘, 권력
505	lie	눕다, 거짓말		548	milk	우유
506	life	삶, 생명		549	mind	마음, 정신
507	light	빛, 조명, 가벼운		550	mine	나의 것
508	like	좋아하다, ~처럼,~와 비슷한		551	miss	놓치다, 그리워하다
509	line	선, 줄		552	mobile	모바일, 이동하는
510	lion	사자		553	model	모형, 모델
511	lip	입술		554	Monday	월요일
512	listen	듣다		555	money	돈
513	little	작은, 거의 없는		556	monkey	원숭이
514	live	살다, 살아있는		557	month	달, 월
515	living room	거실		558	moon	달
516	long	긴, 오래		559	morning	아침
517	look	보다, 보이다		560	mother(mom, mommy)	어머니(엄마)
518	lose	잃어버리다, 지다		561	mountain	산
519	love	사랑(하다)		562	mouse	쥐
520	lovely	사랑스러운		563	mouth	입
521	lot	많음, 다량, 다수		564	move	움직이다, 옮기다
522	low	낮은		565	movie	영화
523	luck	행운, 운이 좋은		566	much	많은, 매우, 많이
524	lunch	점심(식사)		567	museum	박물관
	M			568	music	음악
525	mad	미친, 몹시 화가 난		569	must	~해야 하다
526	mail	우편, 발송하다		570	my	나의
527	make	만들다			**N**	
528	man	남자, 사람, 인류		571	name	이름
529	many	많은		572	nation	국가
530	map	지도		573	nature	자연
531	marathon	마라톤		574	near	가까운
532	March	3월		575	neck	목
533	market	시장		576	need	필요로 하다
534	marry	결혼하다		577	next	다음[뒤/옆]의
535	mathematics(math)	수학		578	nice	좋은, 멋진
536	may	~해도 된다		579	night	밤, 야간
537	May	5월		580	no/nope/nay	아니, 안 돼(요)
538	maybe	어쩌면, 아마도		581	noodle	국수, 면요리
539	meat	고기		582	north	북쪽
540	medal	메달, 훈장		583	nose	코
541	medicine	약		584	not	~아니다

585	note	메모, 쪽지	627	pen	펜
586	notebook	노트, 공책	628	pencil	연필
587	nothing	아무 것도 (아니다)	629	pencil case	필통
588	November	11월	630	people	사람들
589	now	지금, 이제	631	pet	반려동물
590	number	수, 숫자	632	phone	전화(기)
591	nurse	간호사	633	physical education(P.E.)	체육
	O		634	piano	피아노
592	o'clock	정각	635	pick	고르다, 뽑다, 줍다
593	October	10월	636	picnic	소풍
594	of	~의	637	picture	그림, 사진
595	off	~에서 멀리 떨어진	638	pig	돼지
596	office	근무처, 사무소	639	pilot	조종사, 비행사
597	often	자주, 종종	640	pink	분홍색(의)
598	oh	오(감탄)	641	pizza	피자
599	oil	기름, 오일	642	place	장소
600	okay/okey/OK	응, 좋아(요)	643	plan	계획
601	old	늙은, 나이 많은	644	plane	비행기
602	on	~ 위에	645	plastic	플라스틱
603	once	한 번	646	play	놀다, 연주하다
604	one	1, 하나	647	please	기쁘게 하다, 제발
605	cnly	유일한, 오직	648	pleasure	기쁨, 기쁜 일
606	cpen	열려 있는, 열다	649	point	요점, 중요한 말
607	or	아니면, 또는	650	police	경찰
608	orange	오렌지(색의)	651	police station	경찰서
609	order	주문하다	652	poor	가난한, 불쌍한
610	out	밖에	653	post office	우체국
611	outside	바깥쪽(에)	654	potato	감자
612	over	너머[건너], ~ 위에	655	power	힘, 권력
	P		656	practice	연습
613	page	쪽, 페이지	657	present	현재의, 선물
614	paint	(색)칠하다	658	pretty	예쁜
615	pancake	팬케이크	659	prince	왕자
616	pants	바지	660	print	인쇄하다
617	paper	종이	661	problem	문제
618	parent	부모	662	program	프로그램
619	park	공원, 주차하다	663	project	프로젝트
620	part	일부, 부분	664	puppy	강아지
621	partner	동반자, 애인	665	push	밀다
622	party	파티	666	put	놓다
623	pass	지나가다, 통과하다		**Q**	
624	pay	지불하다	667	queen	여왕
625	peach	복숭아	668	question	질문
626	pear	배	669	quick	빠른

670	quiet	조용한	712	save	절약하다, 구하다
671	quiz	퀴즈, (간단한) 시험	713	say	말하다
R			714	school	학교
672	rabbit	토끼	715	science	과학
673	race	경주, 달리기	716	scientist	과학자
674	radio	라디오	717	scissors	가위
675	rain	비(가 오다)	718	score	점수
676	read	읽다	719	sea	바다
677	ready	준비가 된	720	season	계절
678	really	실제로, 정말로	721	second(2nd)	두 번째의
679	recreation	레크레이션, 오락	722	see	보다
680	recycle	재활용하다	723	sell	팔다
681	red	빨간(색의)	724	send	보내다
682	remember	기억하다	725	September	9월
683	rest	휴식(을 취하다)	726	service	서비스
684	restaurant	식당, 레스토랑	727	set	놓다
685	restroom	화장실	728	seven	7, 일곱
686	return	돌아오다	729	shark	상어
687	ribbon	리본	730	she	그녀
688	rice	쌀, 밥	731	ship	배
689	rich	부유한, 돈 많은	732	shirt	셔츠
690	ride	타다	733	shoe	신발
691	right	옳은, 오른쪽(의)	734	shop	가게, 쇼핑하다
692	ring	반지, 고리	735	short	짧은
693	river	강	736	shorts	반바지
694	road	길	737	should	~해야 한다
695	robot	로봇	738	show	보여주다, 쇼, 공연
696	rock	바위	739	shy	부끄러워하는
697	room	방	740	sick	아픈
698	rose	장미	741	side	(어느 한)쪽
699	ruler	자	742	sing	노래하다
700	run	달리다	743	singer	가수
701	runny	콧물이 흐르는, 묽은	744	sister	언니, 누나, 여동생
S			745	sit	앉다
702	sad	슬픈	746	six	6, 여섯
703	safe	안전한	747	sixth(6th)	여섯 번째의
704	salad	샐러드	748	size	사이즈, 크기
705	sale	판매	749	skate	스케이트(를 타다)
706	salt	소금	750	ski	스키
707	salty	짠, 짭짤한	751	skin	피부, 껍질
708	same	같은	752	skirt	치마
709	sand	모래(사장)	753	sky	하늘
710	sandwich	샌드위치	754	sleep	자다, 잠
711	Saturday	토요일	755	slow	느린

756	small	작은	800	storytelling	이야기하기
757	smart	똑똑한	801	straight	똑바로, 곧은
758	smell	냄새 나다, 냄새 맡다	802	street	거리, 도로
759	smile	웃다, 미소짓다	803	strong	강한, 힘이 센
760	snack	과자, 간식	804	student	학생
761	snow	눈(이 오다)	805	study	공부하다
762	so	그렇게, 너무, 정말	806	style	방식, 스타일
763	soccer	축구	807	subject	과목, 주제
764	sock	양말	808	subway	지하철
765	sofa	소파	809	sugar	설탕
766	soft	부드러운	810	summer	여름
767	software	소프트웨어	811	sun	해, 태양
768	some	약간의, 조금의	812	Sunday	일요일
769	son	아들	813	sunny	화창한
770	song	노래	814	superhero	슈퍼히어로, 영웅
771	soon	곧	815	supermarket	슈퍼마켓
772	sorry	미안한	816	sure	확실한, 당연한
773	so-so	그저 그런, 평범한	817	sweet	단, 달콤한
774	sound	소리, ~처럼 들리다	818	swim	수영하다
775	soup	수프	**T**		
776	sour	신, 시큼한	819	table	식탁, 탁자
777	south	남쪽(의)	820	taco	타코
778	space	공간, 우주	821	tail	꼬리
779	spaghetti	스파게티	822	take	가지고 가다, 타다
780	speak	이야기하다	823	talk	말하다
781	special	특별한	824	tall	키가 큰
782	speed	속도, 속력	825	tap	수도꼭지
783	spicy	양념이 강한, 매운	826	tape	테이프(로 묶다)
784	spoon	숟가락	827	taste	맛 (보다), 맛이 ~하다
785	sport	스포츠	828	taxi	택시
786	spring	봄, 용수철	829	teacher	교사, 선생
787	staff	직원	830	team	팀
788	stage	무대	831	television (TV)	텔레비전
789	stair	계단	832	tell	알리다, 말하다
790	stand	(일어)서다, 서 있다	833	ten	10, 열
791	star	별	834	tennis	테니스
792	start	시작하다	835	tent	텐트, 천막
793	stay	계속 있다, 머무르다	836	terrible	끔찍한, 심한
794	steak	스테이크	837	test	시험, 검사
795	stomachache	복통	838	textbook	교과서
796	stone	돌	839	than	~보다
797	stop	멈추다, 정류장	840	thank	감사하다, 고마워하다
798	store	가게, 저장하다	841	that (those)	저것(들), 저 사람(들)
799	story	이야기	842	the	그

843	there	거기에, 그곳에	887	twenty-first	스물 한 번째
844	they	그(것)들	888	twenty-second	스물 두 번째
845	thing	것, 물건	889	twenty-third	스물 세 번째
846	think	(~라고) 생각하다	890	twice	두 번, 두 배
847	third(3rd)	세 번째의	891	two	2, 둘
848	thirsty	목 마른	892	type	유형, 타입
849	thirteen	13, 열 셋		**U**	
850	thirty	30, 서른	893	ugly	못생긴
851	this (these)	이것(들), 이 사람(들)	894	umbrella	우산
852	thousand	1000, 천	895	uncle	삼촌
853	three	3, 셋	896	under	~ 아래에
854	Thursday	목요일	897	understand	이해하다
855	ticket	표, 입장권	898	up	~ 위에, ~ 위로
856	tiger	호랑이	899	upset	속상한, 화가 난
857	time	시간	900	use	사용하다
858	times	~ 번		**V**	
859	tired	피곤한	901	vacation	방학, 휴가
860	to	~에, ~으로, ~까지	902	vegetable	채소
861	today	오늘	903	very	매우
862	together	함께	904	vet(erinarian)	수의사
863	tomato	토마토	905	video	비디오
864	tomorrow	내일	906	violin	바이올린
865	tonight	오늘밤	907	visit	방문하다
866	too	~도, 역시	908	voice	목소리
867	tooth (teeth)	이, 치아(들)		**W**	
868	toothache	치통	909	wait	기다리다
869	top	꼭대기	910	wake	잠이 깨다
870	touch	만지다	911	walk	걷다
871	town	도시	912	wall	벽
872	toy	장난감	913	want	원하다
873	track	길, 자국	914	war	전쟁
874	train	기차	915	warm	따뜻한
875	trash	쓰레기	916	wash	씻다
876	travel	여행하다	917	watch	보다, 손목 시계
877	tree	나무	918	water	물
878	trip	여행	919	watermelon	수박
879	truck	트럭	920	way	길, 방법
880	true	참된, 진짜의	921	we	우리
881	try	시도하다	922	wear	입다, 착용하고 있다
882	T-shirt	티셔츠	923	weather	날씨
883	Tuesday	화요일	924	website	웹사이트
884	turn	돌리다, 차례	925	wedding	결혼
885	twelve	12, 열 둘	926	week	주, 평일
886	twenty	20, 스물	927	weekend	주말

928	weight	무게, 무겁게 하다		971	young	젊은
929	weird	이상한, 기이한		Z		
930	welcome	환영하다, 반가운		972	zoo	동물원
931	well	잘		973	zookeeper	사육사
932	Wednesday	수요일				
933	west	서쪽(의)				
934	wet	젖은				
935	what	무엇				
936	when	언제				
937	where	어디에				
938	white	하얀(색의)				
939	who	누구				
940	whose	누구의				
941	why	왜				
942	wife	아내				
943	will	~할 것이다				
944	win	이기다				
945	wind	바람				
946	window	창문				
947	wine	포도주				
948	winter	겨울				
949	wish	원하다, 바람				
950	with	~와 함께				
951	woman	여자				
952	won	원(한국 화폐단위)				
953	wood	나무				
954	word	단어, 낱말, 말				
955	work	일(하다)				
956	world	세계, 세상				
957	worry	걱정하다				
958	worried	걱정되는, 불안한				
959	wow	우와(감탄을 나타내는 소리)				
960	write	쓰다, 집필하다				
961	writer	작가				
962	wrong	틀린, 잘못된				
Y						
963	yard	마당				
964	year	해, 년				
965	yellow	노란(색의)				
966	yes/yeah/yep	네, 응, 그래				
967	yesterday	어제				
968	you	너, 당신				
969	your	너의				
970	yours	너의 것				

과거에 있었던 일을 말할 때, 우리는 '~한다'가 아닌 '~했다'처럼 동사의 모습을 바꿔서 말해요. 영어에서도 마찬가지로 동사의 기본 형태(동사원형)를 바꿔서 과거를 표현해요. 보통 -ed 등을 붙여 과거형을 만들지만, 아래와 같이 특별한 규칙 없이 바뀌는 동사들도 있답니다. 이러한 동사를 **불규칙 동사**라고 해요. 여기에 초등 필수 영어 단어 중 **불규칙 동사**를 모아 정리했어요. 특히 파란색으로 표시한 단어들은 이 책에서 다루는 단어들이에요. '과거분사'는 중학교에 가면 더 자세히 배우게 될 문법이니, 지금은 "아, 이런 게 있구나." 정도로 알고 넘어 가세요.

	동사 원형 (Base Form)	과거형 (Past)	과거분사 (Past Participle)	뜻
1	be	was/were	been	~이다, 있다
2	become	became	become	되다
3	begin	began	begun	시작하다
4	break	broke	broken	깨다, 부수다
5	bring	brought	brought	가져오다
6	build	built	built	짓다, 만들다
7	buy	bought	bought	사다
8	catch	caught	caught	잡다
9	choose	chose	chosen	고르다, 선택하다
10	come	came	come	오다
11	cut	cut	cut	자르다
12	do	did	done	하다
13	drink	drank	drunk	마시다
14	drive	drove	driven	운전하다
15	eat	ate	eaten	먹다
16	fall	fell	fallen	떨어지다
17	feel	felt	felt	느끼다
18	find	found	found	찾다
19	fly	flew	flown	날다
20	forget	forgot	forgotten	잊(어버리)다
21	get	got	gotten/got	얻다, 가지다
22	give	gave	given	주다
23	go	went	gone	가다
24	grow	grew	grown	자라다
25	hang	hung	hung	걸다, 매달다
26	have	had	had	가지다
27	hit	hit	hit	치다, 때리다
28	know	knew	known	알다
29	lie	lay	lain	눕다
30	lose	lost	lost	잃다, 지다

31	make	made	made	만들다
32	meet	met	met	만나다
33	put	put	put	놓다
34	read	read	read	읽다
35	ride	rode	ridden	타다
36	run	ran	run	달리다
37	say	said	said	말하다
38	see	saw	seen	보다
39	sell	sold	sold	팔다
40	send	sent	sent	보내다
41	sing	sang	sung	노래하다
42	sit	sat	sat	앉다
43	sleep	slept	slept	자다
44	speak	spoke	spoken	말하다, 이야기하다
45	stand	stood	stood	(일어)서다, 서 있다
46	swim	swam	swum	수영하다
47	take	took	taken	가지고 가다, 타다
48	teach	taught	taught	가르치다
49	tell	told	told	알리다, 말하다
50	think	thought	thought	생각하다
51	understand	understood	understood	이해하다
52	wake	woke	woken	잠이 깨다
53	wear	wore	worn	입다
54	win	won	won	이기다
55	write	wrote	written	쓰다, 집필하다

초등 비교급과 최상급 단어

어떤 대상들을 비교할 때 '더'를 붙여 말해요. '더 짧은', '더 무거운' 등과 같이요. 이렇게 어떤 정도가 더한 것을 나타내는 형용사의 변화를 **비교급**이라고 해요. '가장 ~한'이라는 뜻의 **최상급**은 최고를 나타내고 싶을 때 써요. 이렇게 비교급과 최상급을 나타낼 때는 보통 -er과 -est를 붙여요. 그런데 -ful, -ous, -ive 등으로 끝나거나 3음절 이상의 단어인 경우에는 more, most를 붙여 각각 비교급과 최상급을 나타내지요. 모양이 완전히 변하는 단어도 있으니 이번 기회에 함께 살펴보도록 해요. 파란색 단어는 이 책에서 다루는 비교급 표현이에요.

-er, -est를 붙이는 단어

	기본형 (원급)	비교급	최상급	뜻
1	big	bigger	biggest	큰
2	cold	colder	coldest	추운
3	cool	cooler	coolest	시원한
4	early	earlier	earliest	일찍
5	easy	easier	easiest	쉬운
6	far	farther/further	farthest/furthest	먼
7	fast	faster	fastest	빠른
8	heavy	heavier	heaviest	무거운
9	high	higher	highest	높은
10	hot	hotter	hottest	더운
11	large	larger	largest	큰
12	late	later	latest	늦은
13	light	lighter	lightest	가벼운
14	long	longer	longest	긴
15	low	lower	lowest	낮은
16	nice	nicer	nicest	좋은, 멋진
17	old	older	oldest	나이 많은
18	pretty	prettier	prettiest	예쁜
19	sad	sadder	saddest	슬픈
20	short	shorter	shortest	짧은
21	slow	slower	slowest	느린
22	small	smaller	smallest	작은
23	smart	smarter	smartest	똑똑한
24	strong	stronger	strongest	힘센
25	tall	taller	tallest	키가 큰
26	warm	warmer	warmest	따뜻한
27	weak	weaker	weakest	약한
28	young	younger	youngest	어린

2. more, most를 붙이는 단어

	기본형 (원급)	비교급	최상급	뜻
1	beautiful	more beautiful	most beautiful	아름다운
2	boring	more boring	most boring	지루한
3	careful	more careful	most careful	조심스러운
4	dangerous	more dangerous	most dangerous	위험한
5	delicious	more delicious	most delicious	맛있는
6	difficult	more difficult	most difficult	어려운
7	exciting	more exciting	most exciting	신나는
8	interesting	more interesting	most interesting	재미있는
9	popular	more popular	most popular	인기 있는
10	useful	more useful	most useful	유용한
11	wonderful	more wonderful	most wonderful	멋진

3. 모양이 완전히 변하는 단어

	기본형 (원급)	비교급	최상급	뜻
1	bad	worse	worst	나쁜
2	good	better	best	좋은
3	many / much	more	most	많은